トランプバブルの正しい儲け方、うまい逃げ方

How to optimize
the economic consequences of
a Trump government.

浅井隆【監修】

第二海援隊

プロローグ

浅井 隆

トランプ新大統領就任で変わる世界

さあ、いよいよ「トランプバブル」がやってきた。アメリカのマスコミでさえ外したトランプ大統領当選とその後の株価、為替、金利の大変動は世界中の人々を驚かせたが、今後経済に何が起き、私たちの生活はどうなるのか。

それを金融、不動産の分野において世界を股にかけて活躍する事業家を集めて緊急対談としてまとめたのがこの本だ。

もうすでに、多くのトランプ関連の本が書店の店頭をにぎわせているが、本書は類書とは大分おもむきを異にする。もちろんトランプの人物像などの基本情報にも触れているが、最終的に目指すところはこのトランプ相場の行方の分析と予測であり、トランプ政権誕生による日本経済と市場への影響の評価である。つまり、あなたの生活がトランプによってどう〝チェンジ〟するかということだ。

まず一つだけ断言できることは、この当選はトランプ本人もビックリしたようだが、そう言いながらも彼は「二期八年やる」つもりだと言うことだ。だから最初の一期四年は、はっきり言って何でもやるだろう。財政赤字覚悟の上でのバラ撒き、そして大幅な減税。その結果、株価は予想以上に上がり、下手をするとNYダウは夢の二万四〇〇〇ドルの高見に到達するかもしれない。それに引きずられて、日経平均も二万四〇〇〇円などということがあるかもしれない。

そして、為替はさらに動く。というよりも、すでに大きく動いたが、さらなる円安がやって来るだろう。下手をすると一、二年以内に一ドル＝一四〇円という水準になってしまうかもしれない。基本的に見誤ってはいけないのは、トランプは「強いアメリカ」＝「強いドル」を当初は目指すということだ。

アメリカの金利も相当上がったが、さらにどんどん上がって行くことは間違いない。これには日本も無関係、無関心ではいられない。実際、トランプ当選確定からの一ヵ月ちょっとの間に日本の一〇年物国債の金利はマイナスだったものがプラスへと急浮上してしまった。これによって、別のとんでもないリスクが急浮上してきた。邦銀の危機だ。

とりわけ地銀の一部はここ二〇年以上にわたって貸し出しビジネスが不調だった影響で、その運用のほとんどを日本国債および外債による稼ぎでやってきた。その「債券」が一瞬でとんでしまったのだ。それによってパニックに陥ったのが、日本の金融庁だ。マスコミではほとんど報道されなかったが、二〇一六年の一二月に金融庁は全銀行から緊急の聞き取り調査を実施した。というのも、今回のトランプ相場第一弾の世界的金利上昇で、邦銀の一部が大損失を被ってニッチもサッチも行かなくなり始めたからだ。すでに地銀のいくつかは危機的状況だ。

こうして、わずか一、二ヵ月でトランプは世界中のマーケットに良い意味でも悪い意味でも大衝撃を与えた。今後、世界も日本もトランプ現象によってその立場ごとに、つまり国ごとに、企業ごとに、そして個人ごとに明暗がはっきりすることだろう。トランプはまさにトランプカードの切り札のように、その独自の影響力によって私たちの生活と経済を一変させるに違いない。

オバマは「チェンジ」を叫んで当選したが、「本当のチェンジ」はトランプが巻き起こすだろう。その影響を吉とするか凶とするかは、本書の内容に関わっているといっても過言ではない。熟読されて、トランプバブルをうまく利用し生き残っていただきたい。

二〇一七年一月吉日

浅井　隆

トランプバブルの正しい儲け方、うまい逃げ方——目次

第二章　激論！　トランプ相場で儲けるための注目市場・銘柄とは？　対談

第三章　トランプバブルをテクニカルに斬る　川上明

エピローグ

浅井 隆

※注　本書では為替は一ドル＝一一五円で計算しました。

対談参加者

■浅井 隆

一九五四年生まれ。早稲田大学政治経済学部中退。経済ジャーナリストとして国内外の財政問題を約二〇年間調査・研究し続けると共に、海外の金融事情にも精通。「海外ファンド」を日本で初めて一般に紹介した。そのタイムリーで正確な資産保全・運用情報を待つ、約二五〇〇人の投資助言会員組織を運営（詳細は巻末にて紹介）。

■森山 暎一郎

一九五〇年生まれ、神戸商科大学卒業。メーカー一七年、金融は外資系を含めてビジネス経験は二七年間におよぶ。一九九四年に英国系ヘッジファンドの駐日代表を皮切りにヘッジファンド業界での経験を重ねる。この英国系ヘッジファンド会社はその後、ロンドン証券市場に上場し、世界最大級の上場ヘッジファンド会社としてヘッジファンド業界の知名度向上に貢献する。二〇一二年に独立。現在は「メーカー×金融」「日系×外資系」という複合したビジネス経験をベースに両分野の良さを取り込んだ、わかりやすい「日本人の為の資産運用サービス」を提唱。

■林 弘明

神奈川県鎌倉市生まれ。明治大学商学部卒業。公認不動産コンサルティングマスター（五）二三二九号。㈱ハート財産パートナーズ代表取締役、㈱週刊住宅新聞社取締役、（社）日本海外不動産投資アドバイザー協会副理事長、不動産実務コンサルタント。著書に「定期借家権実践ガイドブック」（清文社）、「営業開拓のための不動産コンサルティング実践ノウハウ１００」（週間住宅新聞社）、「海外不動産投資―5年で5倍儲ける法―」（週刊住宅新聞社）、その他多数。講師として不動産業界各種団体・銀行・生損保・ハウスメーカーなどにて、年間一〇〇回をこなす。平成一六年一〇月北京大学で「中日不動産事情」を特別講演。

■早川 正義

一九六〇年生まれ。同志社大学法学部卒。大学卒業後、日本の証券会社の海外現地法人にて、ワラント、先物、オプションなど、証券デリバティブを中心に取り扱う。その後外資系証券に移り、海外のヘッジファンドを日本の機関投資家向けに組成販売する業務に携わる。二〇〇〇年に入り、日系ヘッジファンドの走りとして、日本とシンガポールに独立系の運用会社を設立。現在、シンガポールとラブアン（マレーシア）にオフィスを持ち、ケイマン籍のファンドを運営するヘッジファンド会社代表。ファンドオブファンズ運営業務、世界中の優れたヘッジファンドマネージャーを調査発掘して、専用ファンドを組成する。

■関 和馬

一九八四年生まれ。二〇一〇年第二海援隊に入社、その後経済について独学で勉強し、今やレポート執筆、講演会、勉強会講師を務めるほどの知識と情報量を誇る。専門は米中関係と二一世紀の経済トレンド。欧米の著名投資家やファンドマネージャーの発言を常時モニター。

コラム執筆者

■筒井　豊春

一九五一年福井県生まれ。九州大学経済学部、ペンシルベニア大学ウォートン・スクールMBA、ハーバードビジネススクールAMP。野村證券を経て、モルガン・スタンレー証券東京支店株式本部長、クレディ・スイス・ファースト・ボストン証券東京支店長、日本証券業協会理事を歴任。一九九六年、キャピタル・パートナーズ株式会社を設立。二〇〇三年、米国プルデンシャル・フィナンシャルより在日証券子会社の全株式を取得、キャピタル・パートナーズ証券株式会社社名変更、代表取締役CEOに就任。二〇〇六年、(財)日本ベトナム文化交流協会理事長に就任。

■川上　明

一九六五年生まれ。早稲田大学理工学部卒業。大学では機械工学を専攻。卒業後、損害保険会社株式部門にて先物やデリバティブを使って会社の資金運用を担当。一一年後、学生時代から興味を持ち研究を続けていた「カギ足チャート」を使っての市場分析で独立。経済のトレンド分析から投資銘柄の選定まで、その読みには定評がある。

第一章

三〇年も前から大統領を狙っていたトランプ

筒井 豊春

一九八〇年代から大統領を狙っていたトランプ

私はドナルド・トランプ大統領と直接的な面識こそないが、同じ大学の出身ということもあり、彼が大統領選に立候補する以前から彼の著作等を読んで調べていた。そこで、私が知っている彼の情報を惜しみなく披露したい。ちなみにトランプと私の出身校は、ペンシルベニア大学ウォートン・スクール（ペンシルベニア大学のビジネススクール）である。

トランプは大学生の時点で校内では知らぬものはいないというほど有名であった。たまたま私の友人のジェフ・ゴールドバーグ氏がトランプの学年が一つ下で、同じ寮で生活をしていた。

簡単にトランプのこれまでの人生をおさらいしておこう。現在、身長一九一センチメートル、体重一〇七キログラム（一一一キログラムという説もある）の巨漢を誇るトランプは、一九四六年に不動産業を営んでいた父の下に生まれた。七〇歳という史上最高齢にて大統領に就任する。

トランプの祖父はドイツ系スウェーデン人の移民で、実家はワイン造りを営んでいたが父親を早くに亡くしたため、一八八五年、一六歳の時に米国へ渡ることとなった。その後、理髪師の見習いや売春宿の経営、さらには酒場の経営などでそれなりの財を成す。そして、アラスカ州モンテ・クリストという炭鉱の町でホテルを開業する。すなわち、トランプ家は祖父のフリードリッヒ・トランプの頃から不動産業を興したわけだ。

すると、時を同じくして世はゴールドラッシュに沸く。しかし、モンテ・クリストの町が廃れ始めたため、フリードリッヒはカナダへの移住を決意。移住先のクロンダイク地方では金鉱が発見され、町は活況を呈した。そこでフリードリッヒはビジネスの教科書に載る鉄則を実践する。その鉄則とは「自分でゴールド（金）を掘るのではなく、掘りに来た人へスコップを売れ」だ。彼は、金鉱にたどり着くまでに必ず通らなければならない細く危険な道にレストランを開業する。店は大繁盛、確固たる財を築いた。

時は流れ、ニューヨークで本格的に不動産業を始める。ところが、一九一八年に四九歳の時に病死した。酒好きが祟ったと言われている。

祖父の後を継いだのが、フリードリッヒの長男、そう、トランプの父に当たるフレッド・トランプだ。フレッドは「狂騒の二〇年代」の不動産ブームで事業を順調に拡大。一九二九年から始まった「大恐慌」で一時的に窮地に陥るも素早く立ち直り、労働者向けのアパートの建設で財を成すことに成功する。そして、一九四六年にトランプを生んだ。

父親のフレッドはビジネスマンとして相当な才覚の持ち主であったというが、トランプを育てるに当たってはかなり手を焼いたという。トランプはいわゆる〝悪ガキ〟であった。自分の手には負えないと悟った父親のフレッドは、トランプをニューヨーク・ミリタリーアカデミー（軍隊式の私立学校）に入学させる。そこで規律を叩き込まれたトランプだが、「より自身の攻撃性に磨きをかけた」（本人談）と言うのだからただ者ではない。

その後、トランプは地元のニューヨーク・ブロンクスでイエズス会が経営するフォーダム大学に入学。その二年後にウォートン・スクールへ転入。一九六八年に卒業すると、父親と共に働き始めた。

トランプは当初、父親から譲り受けた数千万ドルの資金をニューヨークのブルックリンやクイーンズにあった労働者向けの住宅に投資する。これは父親と同じ手法だ。しかし、出世欲の強いトランプは常にマンハッタンで成功することを志していたという。父親の才覚を認めてはいたが、いわゆるダウンタウン（下町）で成功しても、それは本当の意味での成功ではないと考えていたというのだ。そんなトランプは、マンハッタンの名門会員制クラブに出入りするようになる。口がうまく大胆なトランプは、名門会員制クラブで名を馳せ、名士との人間関係を築くことに成功した。

そして一九八三年、彼が三七歳の時にニューヨーク五番街に五八階建ての超高層ビル「トランプ・タワー」を建てる。当時としては斬新なガラス張りという外観は、おおいにニューヨーカーの目を引いた。

ワシントンでインテリジェンスの仕事を長く続けていた知人によると、トランプは一九八〇年代の後半頃にはすでに大統領になることを企んでいたという。今回の大統領選では風雲児のように扱われていたが、実はそうではなかったのだ。事実、彼は二〇〇〇年にも大統領選に出馬している。

ところで、そもそもトランプはなぜ不動産業を志したのだろうか？　もちろん、すでに不動産業を営んでいた父親の影響があったことは間違いない。しかし、もう一つ大きな理由がある。それはマンハッタンで成功するには不動産業しかないと考えたためだ。というのも、マンハッタンを代表する金融業では参入の余地が少ない。金融の分野でマンハッタンを制そうにも、そこにはゴールドマン・サックスやモルガン・スタンレー、リーマン・ブラザーズという面々が存在していた。新規参入でこうした大手に勝つのは容易なことではない。だからこそ、トランプはニッチな分野である不動産金融業を志した。

彼が通ったウォートン・スクールは、不動産金融業の権威として知られている。ニッチな分野で躍進を図ったトランプはとても計算高い。トランプの語録に「誰も通らない道を行こう。人とは正反対の方向に行こう」というものがある。投資をする際に何よりも自分のカンを頼るというトランプは、直感的に不動産ならマンハッタンで成功できると悟ったのかもしれない。

もちろん、不動産金融という金融業から比べるとニッチな分野においても、マンハッタンという場所は難関だ。よく知られているように、トランプも数回にわたって破産という辛酸を舐めている（本人はこの件に関して否定している）。日本の不動産バブルが崩壊した時も、彼は打撃を被った。日本の金融が米国から手を引いたことで資金難に陥ったトランプは、何度も日本に資金の融通を求めに来たことがある。しかしそれでもうまく行かず、一九九〇年にはなんと九〇億ドル（推定）もの負債を抱えた。

ところで、ここら辺の事情はトランプが四二歳の時（一九八七年）に記した『トランプ自伝』（日本ではちくま文庫が二〇〇八年に発刊している）に詳しい。また、ロバート・キヨサキ氏と対談形式の本を出すなど、トランプは実に多くの本を出版している。本の中で言っていることがどこまで本当かはわからないが、彼のことを少しでも知りたいという方はこれらの出版物を読んでみるのも良いだろう。

トランプは推定で二～六度も破産の憂き目に遭っているが、その都度、這い上がってきた。不屈の精神の持ち主であると同時にスター性をも持ち合わせている。本業が廃れた時に、テレビの司会者で再起したこともあった。近年でもプロレスに挑戦するなど話題には事欠かない。汚い言葉を吐くが、どこか憎めず、映画「バック・トゥ・ザ・フューチャー2」の悪役ビフのモデルになったという逸話も頷ける。

何よりも彼がすごいと思う点は、やはり二〇代という若さでトランプ・タワーの案件に着手したことだ。トランプ・タワーが完成したのは一九八三年だが、プロジェクトはその一〇年ほど前から始まっている。ビジネスの世界は広しと言えど、二〇代で総工費二億ドルとも言われる不動産の取引をまとめられる者はそうはいない。トランプ・タワーに着手した一九七〇年代は、ニューヨークの不動産は冬の時代であったが、トランプは行政などと掛け合いながら自分に有利な方法でトランプ・タワーを建設する。

私はトランプ・タワーが完成した当時、ウォール街のモルガン・スタンレーで働いていた。同僚からよく「床屋ならトランプ・タワーがお勧めだよ」と言われていたので、実際に出向いたら、チップを合わせて八〇ドルも取られたことを覚えている。当時のレートは一ドル＝二五〇円だったので約二万円と高かったが、金ぴかのビルに度肝を抜かれたことを今でも忘れない。

トランプは考えられているよりも緻密な男だ。たとえば、トランプはトランプ・タワーの価値を保つためにタワーの隣のティファニーの空中権（隣接する建物の未使用の部分を買い取って自分の建物の容積に足せる権利）を買っている。すなわち、トランプ・タワーからセントラル・パークを半永久的に見渡せるようにして、タワーの価値を保つことにしたのだ。その戦略は見事に奏功し、トランプ・タワーは今でも「眺望が良い」ビルとしてニューヨーク五番街のシンボルとなっている。

また、トランプはああ見えて、酒もタバコもやらない。それは自身の兄や祖父が酒で命を失ったためだ。コーヒーも一切飲まない。子供たちにもアルコール、タバコ、ドラッグを禁止している。一見するとトランプは不真面目なようだが、実際はとても真面目だ。若い頃にあれだけの不動産取引をまとめたのだ、真面目でないわけがない。

二〇代で豊富な人脈を築いた点も素直に評価できる。酒もタバコもやらないトランプだが、前述したように彼は若い頃からしょっちゅう名門会員制クラブに通って名士との人脈を築いた。それが、のちのビジネスや大統領選にも活きている。やはり、最後は人脈というわけだ。

さらに特筆すべきは彼の野心である。これも前述したが、トランプは、父親を尊敬こそしていたものの真の成功者だとは思っていなかった。父親はブルックリンやクイーンズという下町で、しかも低所得者向けに住宅を建て売りすることで財を成したが、トランプはアップ・タウン（マンハッタン）での成功を常に夢見ていたのである。そして、最終的には不動産王どころか大統領にまで上り詰めてしまった。

私の友人でもある前出のウォートン・スクール出身のジェフ・ゴールドバー

グ氏は、トランプのことを「偉大なセールスマン」と称賛する。平気でホラを吹いたりもするが、最終的には結果を伴ってきたのだ。

「強い米国」の真意とは？

最近、「トランプには確固たる政治的な哲学はあるのか？」という質問を受ける。しかし、これに関しては私はわからない。確実に言えることはただ一つ、彼は金儲けが大好きだということだ。

もちろん、大統領となった今では個人的な金儲けには関心がないだろう。米ブルームバーグによるとトランプの資産は約三〇億ドル（本人は一〇〇億ドル以上あるとしている）あり、七〇歳の同氏からすれば十分だ。おそらく、彼の政治的な目標は「米国を金持ちにする」という一点に集中している。そして、その結果を出すことで名誉を手にしたいと考えているに違いない。

そういう理由から、ウォール街の事前の予想とは裏腹にトランプは金融政策などでとてもうまく立ち回るだろう。それは、政権移行チームのメンバーを見ても明らかだ。ＪＰモルガン・チェースのジェイミー・ダイモン会長が次期財務長官への起用を検討されていると二〇一六年末に報じられたが、ＪＰモルガン・チェースはトランプのメイン・バンクであったことでも知られている。結局のところ、ジェイミー・ダイモンの起用は見送られたようだが、代わりにゴールドマン・サックス出身の人物を二人登用した。このことは、トランプがマンハッタンで築いたコネクションを最大限に駆使していることの証左と言える。逆に言うと、マンハッタンのビジネスマンにしかできない人選だ。

運用資産が一〇兆円を超える世界最大規模のヘッジファンド、ブリッジウォーター・アソシエイツの創業者であるレイ・ダリオがトランプ政権に対して面白い見方を披露している。それは、「トランプ政権の次期高官八人のビジネス経験が歴代の政権の中で群を抜いて高い」ということだ。次期高官八人のビジネス経験年数は、合計で八三年。これに対し、政治の経験年数は五五年と少ない。オバマ政権の高官のビジネス経験年数は合計で五年（政治経験年数は一一七年）であったので、正反対の政権が誕生することとなる。ダリオは歴代政権とまったく違い、トランプ大統領の下では「ディールメーカーのビジネスマンが政権を運営することになる。彼らの大胆さは、新たな四年間を信じ難いほど面白くすると同時に、われわれ全員を気が抜けない状態に置くことはほぼ間違いない」（二〇一六年一二月二〇日付ブルームバーグ）と指摘。良くも悪くも「金融市場のアニマルスピリットに火を点ける」とトランプ大統領を歓迎した。

そんなトランプの人事を、市場も好意的に受け止めている。選挙中はウォール街の敵だと見られていたトランプが、実は味方だったのではないかというわけだ。というより、マンハッタンに根ざしたビジネスマンであるトランプの人事案には、自然とマンハッタンで築いた人脈が活かされたと考えられる。こうした意外な安心感によって、市場は好反応を示したというわけだ。

米バロンズ誌（二〇一六年一一月二九日付）によると、市場における次期大統領への期待度の現れとされる大統領選後二週間の株価上昇率で、トランプは二・七％を記録。これはドナルド・レーガンの八・三％、リチャード・ニクソンの二・九％に次いで一九三二年以降で三番目の高さだという。期待がかなり先行しているとも思えなくもないが、兎にも角にもバロンズ誌が言うように「これは決して簡単なことではない」。

市場が好反応を示しているのには、人選の安心感の他にも大きな理由がある。それは、トランプがインフラ整備を声高に叫んでいるという点だ。私は毎年米国を訪問するたびに、米国のインフラは相当にガタが来ていることを再認識する。代表例は、マンハッタン島に架かる複数の橋だ。あれはどれも設置から一〇〇年ほどが経過している。何かのショックで崩落してしまうかもしれない。また、乗ってみたことがある人はわかるだろうが、ニューヨークは地下鉄も古くて汚い。マンハッタンでもそういう状態だ。地方などは惨憺たる状況だろう。

昨今では日本のインフラも改善の必要性がクローズアップされているが、米国のそれは日本以上だ。米国内ではかねてから「インフラの改善は誰かがやらなければならない」と言われてきたが、公にそのことを訴えてきた政治家はほとんどいない。財政赤字の問題があるからだ。しかし、トランプは財政赤字の問題を置いておいて、とにかくインフラ整備を進めると連呼している。これに市場が応えており、米国の鉄鋼最大手であるＵＳスチールの株価はトランプの勝利によって五割以上、暴騰している。

もちろん、今（本稿を執筆している二〇一六年末時点）はまだ期待が先行している部分が大きい。勝負はやはり、就任後一〇〇日だ。ここで具体的な政策を打ち出せないと、期待は失望へと変わる。各種世論調査によると、トランプは史上初めて不支持率が支持率より高い状態で就任する大統領だ。もちろん本人は「（世論調査は）でっちあげで、仕組まれている」と反発しているが、早い段階である程度の結果を出さなければ急速に求心力を失うだろう。

しかし、私の見方は楽観的だ。トランプもそうした懸念を熟知しているはずであり、相当な意気込みで初動に当たるだろう。経済政策で言うと、おそらくインフラ整備を一番にぶち上げる。次に貿易問題に関して動くはずだ。中国に対しては強硬に主張するだろう。中国ほどではないが、日本への風当たりも強くなるはずだ。実際にトランプはツイッターにてトヨタ自動車にメキシコへ工場を作るなら高い関税を課すと脅して、トヨタから米国内における大規模な投資を取り付けている。

また、トランプは「強い米国を取り戻す」と訴えて当選しているため、インフラにしても通貨に関しても実際に強い米国を演出すると見ている。これはあくまでも個人的な意見だが、当分の間トランプはドル安を望まないはずだ。単純な話、米ドルが安いというのは「強い米国」と矛盾している。よく、トランプ大統領は一九八〇年代のロナルド・レーガン大統領と比較されるが、レーガン大統領も「強い米国」を推し進めた。この二人は歴代最年長で大統領に選出されるという点でも共通している。

米ソ冷戦時、ソ連の台頭に強い危機感を持ったレーガン大統領はその原因が「宥和政策」（米ソ政治対話＝米ソ軍事管理協定）にあると説いた。そして、それまでの対ソ外交戦略を全面否定、ソ連を「悪の帝国」と名指しで批判。対ソ連の外交方針を当時「力による平和」と呼ばれた戦略上の〝真っ向勝負〟へと転換させる。そう、強い米国の実現だ。その結果、軍拡による財政負担に耐えられなくなったソ連は崩壊、ハイパーインフレによって国家は壊滅的な状況に追い込まれている。

レーガン大統領は、経済面でも強い米ドル政策を打ち出していた。さらにはインフラ整備や減税といった形で政府支出を拡大させたのである。まさにトランプが掲げる政策とそっくりだ。ただし、レーガン大統領の就任二期目（中間選挙を経た五年目以降）は一転してドル安政策に転化、それゆえ一九八五年九月のプラザ合意（ドルを安くするための協調介入）が起こる。当時はソ連が台頭していたが、今ではその存在は中国にとって変わった。しかも、レーガン大統領がそれまでの宥和政策を破棄したように、トランプもオバマの宥和を破棄するかのように中国との対決姿勢を鮮明にしている。まったく同じとは言わないが、トランプがレーガン大統領のそれをなぞる可能性は決して否定できない。

少なくとも私は、トランプ大統領は前半の四年はドル安を望まないと考えている。そう考えると、二〇一八年には一ドル＝一四〇円台を付けていてもまったく不思議ではない。大げさに聞こえるかもしれないが、過去二〇年間、円はドルに対して年間で二〇円は平均して動いてきた。すなわち、仮に二〇一七年が一ドル＝一一五円でスタートすれば、年末には一三五円を付けることは十分にありえる。もちろん、逆も然りだが。

よく、「ドル高になると米国の輸出が減ることから、米国はドル高に耐えられない」という意見を耳にする。しかし、米国経済を俯瞰した時、そのほとんど（約七〇％）は国民の消費で成り立っているのであり、為替センシティブ（為替に敏感な）業種はほとんど残っていない。プラザ合意が起きた一九八〇年代よりも、米国はドル高に対する耐久力が備わっているとも言えるのだ。

また、別のドル高要因もある。それは、レパトリエーション（本国への資金還流）だ。現在、米国の多国籍企業は国内での三五％にのぼる課税を回避するため、巨額の利益や資金を海外で滞留させている。米国の法人税制では、企業が本国に送金するまで海外利益に課税しないことが定められているのだ。こうした税制の下で、米企業が海外に滞留させている資金は二兆六〇〇〇億ドルにものぼる。代表例がアップル（推定二〇〇〇億ドル）、ファイザー（推定一九四〇億ドル）、マイクロソフト（推定一〇八〇億ドル）、ゼネラル・エレクトリック（指定一〇四〇億ドル）などだ。

トランプは、こうした資金を本国に還流させることで国内の経済を活発化させようとしている。現時点では、還流税を一回に限り一〇％へ引き下げることをトランプが提案すると見られているが、共和党は法人税率を三五％から二〇％に引き下げた上で多国籍企業に既存の海外利益の本国送還を義務付けることを提案しており、税制の行方によってはかなりの規模でレパトリエーションが起こる可能性も否定できない。

二〇一六年一一月二八日付の米ウォールストリート・ジャーナル紙は、「米国は一〇年以上前、二〇〇四年に成立した本国投資法の下で還流された海外滞留利益に対する一回限りの減税措置を導入した。米内国歳入庁（ＩＲＳ）のデータによると、この時は三六〇〇億ドル以上が還流され、これが金融引き締め政策とも相まって二〇〇五年のドル相場を主要六カ国の通貨バスケットに対し一三％押し上げた」（二〇一六年一一月二八日付米ウォールストリート・ジャーナル）と報じている。どのような税制になるかは本稿執筆時点ではわかっていないが、税制の変更はほぼ確実なため、その規模に関わらず、レパトリエーションは確実にドル高の材料となるはずだ。

それともう一つ、日米の金利差もドル高に追い風となる。米国の金利は上昇に向かっているが、日本はとてもではないが金利を上げられる状態にはない。

これらを勘案すると、私は当面の間はドル／円が一ドル＝一一〇円を割り込むことはまずないと踏んでいる。なにかをきっかけに円高が進行したとしても、おそらく一一二～一一三円くらいまでだろう。むしろ、ドルが想定している以上に上振れる可能性が高い。向こう一～二年で考えると、一ドル＝一三〇円くらいは想定しておくべきだ。

繰り返し強調するが、私はトランプの「強い米国」という発言に嘘はないと感じている。その発言と矛盾する「安い（弱い）ドル」を、トランプが望んでいるとは到底思えない。彼は、大胆な発言とは裏腹に緻密に計算する男だ。レーガンの成功例などを熱心に研究しているだろう。金融やビジネスに対する感度やセンスは抜群に良い。

トランプは真のタフガイ

トランプは真の意味でのタフガイだ。たとえば、彼は今までに何百というほどの訴訟を経験している。訴えられたり、訴えたり、その両方だ。極端に言うと、トランプにとってのビジネスとは白黒を付けるゲームでしかない。政権運営も一種のゲームとして取り組むはずで、とことん「勝ち」にこだわるだろう。

あまり知られていないが、トランプには非常に著名なメンター（指導者）がいた。それは、「悪魔の弁護士」と称されたロイ・コーン（一九二七〜一九八六）だ。同氏はイタリア系マフィアのドン、ジョン・ゴッティを顧客に持っていたことで知られる。また、リチャード・ニクソンやレーガンといった共和党保守派や反共産主義の歴代大統領と深い親交を持ち、非公式に顧問を務めていたことでも有名だ。コーン自身も弁護士になる前にマッカーシズム（赤狩り）

を主導した経歴を持つ。トランプはそんなコーンに師事した。そして、コーンから「(訴訟などで)絶対に負けないやり方」を伝授されている。

コーンの口癖は「法律的な攻撃を受けたら、一〇〇倍で返せ」だ。実際、トランプはダウンタウンでアパートを経営している時、黒人にアパートを賃貸しないという理由で司法省から訴えられたのだが、コーンのアドバイスを聞いて司法省に反撃している。またコーンは、「悪名は無名に勝る」ということをトランプに叩き込んだ。だからこそ、トランプはスキャンダルや自身に不名誉なことでも報道されたらそれを最大限に活用する。

そんなトランプは、外交においても勝ち負けに徹底的にこだわるはずだ。オバマ政権は中国に対して弱腰だったが、トランプは打って変わって強硬的な態度に出るだろう。現在の中国はウクライナから購入した空母「遼寧」を南シナ海などに派遣したりして米国をけん制しているが、米国に真っ向勝負を挑むことなど到底できない。いくら中国が力を付けたと言っても、米国の強さは圧倒的なのだ。習近平国家主席にも米国と本気で対峙する覚悟はないだろう。それを知っているからこそ、トランプは強硬的な態度に出るに違いない。もちろん、その理由は通商交渉において有利な状況を勝ち取るためである。

経済面に限ると、米中関係の先行きをそれほど心配する必要はない。米中はお互いに経済的な依存度が高いということを理解している。本気で貿易戦争などしたら共倒れは必至だ。トランプの対中牽制は、あくまでも通商交渉において有利な条件を引き出すためと考えてよい。おそらく本気で戦争をしようなどとはこれっぽっちも思っていないだろう。

メディアでは米中の貿易戦争ばかりに焦点が向かいがちだが、実はトランプが米国内でインフラ整備を実行すれば中国経済も恩恵を受ける。中国はリーマン・ショック後に四兆元（約六〇兆円）の公共投資を実施して（需要を創出して）、世界経済を主導した。これに対してトランプは、四年間で一兆ドル（約一一五兆円）の需要を創出するとしている。もしその公約が実現すれば、鉄鋼などの商品価格は上昇するはずだ。そうなると、現在は鉄鋼などの在庫のダブつきに苦しんでいる中国も確実に恩恵を受ける。中国政府もトランプの態度には警戒を示しているが、内実では経済政策に期待を寄せているはずだ。

ロックフェラー家との関係

今回の大統領選でトランプと同じくらい注目を集めたのが娘のイヴァンカ・トランプだ。選挙後の分析では「選挙の女神」と賞賛され、ヒラリー・クリントン候補を嫌った女性票をトランプに導いたとも言われる。彼女は父親と同じペンシルベニア大学ウォートン・スクールを首席で卒業し、年商三億ドルも稼ぎ出すアパレル・ブランドの経営者だ。

人の話を聞かないことで有名なトランプが、このイヴァンカの言うことなら絶対に聞くという。実際、選挙期間中にこの二人が離れることは片時もなかった。そんなイヴァンカは、ヒラリー・クリントンが果たせなかった米国初の女性大統領の最有力候補だとも囁かれている。

大統領を陰で動かすイヴァンカの動向にも注目だが、より注目すべきはイヴァンカの旦那であるジャレッド・クシュナーの存在だ。このクシュナーは相当なやり手であり、無給でトランプ大統領の上級顧問になることが決まっている。選挙戦ではトランプ陣営の戦略を立案した。まさに、トランプの軍師と言える。そんなクシュナーはまだ三五歳。ハーバード大学を卒業後、ニューヨーク大学で法学の学位とＭＢＡ（経営学修士）を取得。そして不動産業界で大物と知られる父親の後を継いだ。二〇〇六年、彼が二六歳の時には単一のビル購入額としては米国史上で最高額（推定四一億ドル）となる取引をまとめている。この一件を境に、不動産業界でクシュナーの名を知らぬ者はいなくなった。

このクシュナーは正統派ユダヤ教徒で、妻のイヴァンカもユダヤ教に改宗している（トランプ大統領はプロテスタントだがユダヤ教との結びつきも強い）。これは有名な話だが、米国では業界のトップに位置している人にユダヤ人（ユダヤ教徒）が多い。クシュナーも間違いなくそのうちの一人であり、政財界に豊富なコネクションを築いている。若手ながらも相当な実力者であることは間違いなく、大統領の上級顧問としてどのような采配を振るうかが注目だ。

ところで、ユダヤ教の儀式にバト・ミツワーというものがある。成人を祝うもので（ユダヤ人は男性が一三歳で、女性は一二歳で成人となる）、黒い服をまとい踊り明かすのが一般的だ。私も以前にバト・ミツワーに参加したことがあるのだが、実はそこでレーガン政権の時にFRB（米連邦準備制度理事会）議長を務めたポール・ボルカーと一緒に手を取り踊ったことがある。このボルカーはユダヤ人ではないもののユダヤ人との関わりが非常に深く、またデイヴィッド・ロックフェラーの番頭としても有名だ。ボルカーがデイヴィッドの下（JPモルガン・チェース）で働いていたことは広く知られている。

デイヴィッド・ロックフェラーは、スタンダード・オイルの創業者であるジョン・ロックフェラーを祖父に持ち、現在のロックフェラー家の当主だ。現時点ですでに一〇〇歳を超えているが、依然として政財界で辣腕を振るっている。「現在の世界でもっとも影響力を持つ人物」を一人挙げるとすれば、このデイヴィッド・ロックフェラー以外に思い当たる人物はいない。ちなみに、ロックフェラー家はユダヤの血統だ。

デイヴィッドは、ボルカーの他にドイツ系ユダヤ人のヘンリー・キッシンジャーを番頭に据えている。キッシンジャーについては説明する必要はないと思うが、ニクソン大統領やジェラルド・フォード大統領に国務長官として仕えた経験を持つ大物である。二人の大統領にキッシンジャーを推薦したのが、ネルソン・ロックフェラーだ。

トランプは、米大統領選の最中の昨年五月にキッシンジャーの居宅を訪問している。そしてトランプが当選したあとも助言を続けており、二〇一六年末に日本の安倍首相がいち早くトランプと会談した際にも同席した。また中国にも幅広い人脈を持つ同氏は、選挙後すぐに中国へ飛んで習近平国家主席と会談している。内容は非公開だが、今後の米中関係に関しての話をしたことは間違いない。

キッシンジャーの信認を得たトランプだが、このことはデイヴィッドの信認を得たことを意味する。それはトランプ政権の人事にも表れており、次期国務長官のレックス・ティラーソンはエクソン・モービルのＣＥＯ（最高経営責任者）だ。セブン・シスターズ（石油メジャー）の一角を占めるエクソン・モービルは、デイヴィッドの祖父であるジョン・ロックフェラーが創設したスタンダード・オイルを母体とする。これは決して偶然ではない。

トランプとロックフェラー家の関係性は他の場面にも見て取れる。たとえば、トランプは大統領に当選後は米ウォールストリート・ジャーナルの取材ばかりを受けており、他のメディアの取材はほとんど受け付けない。その理由は、ほぼ間違いなくロックフェラー財閥がウォールストリート・ジャーナルを所有しているからだ。

とはいえ、デイヴィッドも当初は資金面などでヒラリー・クリントン候補を支援していたと言われる。実はトランプとロックフェラー一族は今まで面識がなかったが、クリントン家はロックフェラー一族と兼ねてから親交があった。真偽は不明だが、ヒラリーの夫であるビル・クリントンがロックフェラー家の隠し子だという説もある。

クリントン家とロックフェラー家の関係は深いとされるが、ヒラリーがどこかの時点でデイヴィッドの逆鱗に触れた、というのがもっぱらの評判だ。すなわち、デイヴィッドは選挙戦の最中にトランプに鞍替えしたのである。このことが、大統領選の結果に多大な影響をおよぼしたことは論を俟たない。

トランプ政権は親イスラエル派？

トランプは、娘婿のクシュナーの存在やロックフェラー家との関係から、親イスラエル派だという見方が台頭している。すなわち、ユダヤ人に優しい政権になるとの分析だ。最近、エルサレムに米大使館を移すという観測が出ている。

周知の通り、バラク・オバマ前大統領とイスラエルのベンヤミン・ネタニヤフ首相は史上最悪の関係と言われてきたため、トランプ政権が親イスラエル派だとすると大きな転機となる。今、この瞬間も中東は揺れに揺れているが、米国が新イスラエル路線へと転換すると、同盟関係にあるサウジアラビアやオバマ政権下で関係改善が続いてきたイランとの関係が後退する可能性が高い。これは、中東に新たな火種を提供することになる恐れがある。現にイランでは、核合意を破棄するというトランプ発言への反発から、鳴りを潜めていた保守強硬派がここに来て息を吹き返し始めた。

ただし私は、トランプ政権は表向きこそ親イスラエル路線へ傾くもサウジなどとは良好な関係を維持し続けると見ている。昨今の原油安で打撃を受けたサウジも米国を必要としており、両者はバランスの取れた関係を模索するはずだ。サウジは辣腕を振るうムハンマド・サルマン副皇太子の下、「原油に頼らない経済成長」を実現するために構造改革を推進しているが、なかなか結果が伴ってこない。再び原油が下落したりすれば、数年後には国際収支が赤字になるとも噂されている。そこでサウジが打ち出したのが、国営石油会社サウジ・アラムコの株式上場だ。時価総額が極めて大きいサウジ・アラムコは調達額も大きいことから、上場市場としてはニューヨーク、ロンドン、香港、東京が候補として目されている。

約一一兆円の調達額の規模から言って、おそらくニューヨーク証券取引所になるだろう。そうなるとサウジは米国と関係を悪化させるわけにはいかない。また、サウジ・アラムコの上場という超大型案件（史上最大規模になると予想されている）の誘致に米国政府も注力するはずだ。ビジネスマンが揃うトランプ政権ならなおのこと、そうであろう。すなわち、米国とサウジアラビア両者にとって、この時期に関係を悪化させるのは得策ではない。

次に原油価格だが、米国のシェールオイル業者やロックフェラー家、それにサウジアラビアやロシアなどにとってもある程度の原油高が望ましい。だからこそ、一バレル＝五〇～七〇ドルくらいで落ち着かせることに狙いを定めていると考えられる。技術革新のおかげもあって、最近では産油コストが平均して一〇ドル台くらいまで低下してきた。産油業者は一バレル＝五〇ドルでも十分に利益が出ることから、原油高が進み過ぎると新規参入（供給）が増えるため自ずと価格は下がる。すなわち、当面はリーマン・ショック後のような一バレル＝一〇〇ドル超えは考えにくい。目先は、五〇ドル台で安定させることに主眼を置くだろう。

米株式に強気

今でもはっきりと覚えているが、私がシンガポールに赴任していた一九八二年八月一二日、その日のＮＹダウ平均は七七七ドルで終えた。そして、私は会社のスタッフを集めて次のように宣言したのである――「ＮＹダウは底値を叩いた」と。根拠は単純にトリプル・セブンだからである。私は職員に「信じろ」と発破をかけたものだが、偶然にも本当にそこが底値だったのだ。そして現在、ＮＹダウは二万ドルを窺っている。その底値から、なんと二五倍にも膨らんだ。

一九八一年からレーガン政権（二期）、ブッシュ（父）政権（一期）、ビル・クリントン政権（二期）、ブッシュ（子）政権（二期）、オバマ政権（二期）と続いてきたわけだが、そのうちブッシュ（子）政権の時だけがＮＹダウはマイナス・パフォーマンスを付けている。この五つの政権の九期（四年）の平均のパフォーマンスは四五％。これをトランプ政権に当てはめると、前半の四年で二万九〇〇〇ドル、二期目があったとして後半では四万二〇〇〇ドルに達する。そう、私は一期目で三万ドルに到達する可能性があると観ている。今の水準からすると冗談に聞こえるかもしれないが、インフレが加速すれば三万ドルは決して夢物語ではない。

米国人はドッグ・インベストメント（ダウの犬投資法。厳密にはＮＹダウ三〇種の中から特に配当利回りの良い一〇銘柄を選択して投資する手法。また、銘柄を選択せずにシンプルにＮＹダウ三〇種に投資する手法のこと）を好む。経済が動く時は、投資はシンプルで良いというわけだ。

たとえば、これからはハイテク銘柄が良いという話も聞くが、ハイテク株は全体的にバリュエーション（本来の企業価値に対して、相対的に割安か割高かを判断するための指標。株価純資産倍率、株価収益率、株価キャッシュフロー倍率、配当利回りなどが代表例）で見ると買われ過ぎている。業績はあとから付いて来るものだが、現在のハイテク銘柄は五～一〇年先まで買われている格好だ。実際、「ＦＡＮＧ」（米国の巨大ハイテク銘柄。フェイスブック、アマゾン、ネットフリックス、グーグルの頭文字）の時価総額は平均して四〇兆円を超えてしまっている。

他方、米国の製造業でもっとも時価総額が高いのがジョンソン・エンド・ジョンソンだ。ジョンソン・エンド・ジョンソンで三十数兆円、ゼネラル・エレクトリックでも三〇兆円前後だ。シリコンバレーのハイテク群の方が平均して一〇兆円も高い。すなわち、ハイテク銘柄は買われ過ぎていると考えられる。実際、トランプの当選後は製造業や建設業、さらには防衛産業の株価が動き始めた。市場は、トランプ政権下ではこれらの業種が総じて恩恵を受けると見ている。言うなればトランプ政権下における株価のテーマは、「製造業（実体経済）回帰」だ。

そもそもシリコンバレーの企業は総じてヒラリーの当選を望んでいたため、幸先の良くないスタートを切っている。二〇一六年一二月一四日には政権移行チームのピーター・ティール（シリコン・バレーの大物投資家）が旗振り役となって、ハイテク企業の経営者らがトランプ・タワーに集結してトランプやクシュナー等と会合を開いた。米国のほぼすべてのハイテク企業のトップが参加したという。このことは、ハイテク企業がいかにトランプ政権に警戒心を抱いているかを表している。トランプ政権と対立することを恐れているのだろう。

今回の選挙では上院と下院の両方を共和党が制した。そして政府高官はトランプに似たビジネスマンが占めている上、トランプは共和党にほとんどしがらみがない。オバマ政権の時と比べると、大統領の意向が政権運営に格段に反映されやすくなる。

ハイテクに限らず、多くの米企業経営者はトランプと対立することに恐れを抱いているに違いない。そもそも歴代の大統領には法律家などが多く、ビジネスマンの大統領は今までと勝手が違う。しかも、トランプは何事にも白黒を付けるのが得意だ。さらには、人生のほとんどをマンハッタンで過ごしており、要人との人脈も豊富である。相当な情報網を持っているはずであり、多くの要人の弱みを握っているはずだ。これは大きな強みであり、そんな男が大統領になったことに政財界はかつてなく怯えているだろう。

日本株は金融株が主導する

では、日経平均株価はどうか？　米大統領選後はドル高（円安）が進んだこともあり、日経平均も上昇している。日経平均は金融株の占めるウエイトが高いが、大統領選後の上昇を主導しているのはその金融株だ。二〇一六年三月から年末にかけて金融株は三割も上昇している。

最大の理由は、金利の復活だ。言い換えると、日本の金融株はマイナス金利によって割安となっていたのである。金利の復活は、金融機関にとって収益の改善につながるので追い風だ。そのため、米国でも大統領選前後に金利が上昇したため、ゴールドマン・サックスが一番の上昇率を記録している。日本ではとりわけ三菱ＵＦＪの株価が上昇したが、その理由は三菱ＵＦＪが米国のモルガン・スタンレーに出資しているためだ。

米国で金利の上昇が続いていけば、日米の金利差から円が売られやすくなるため、そうなると日本の輸出関連にも追い風が吹く。最終的には為替次第だが、為替が一ドル＝一三〇円を目指すのであれば、日経平均は来年にかけて二万三〇〇〇～二万四〇〇〇円に届くだろう。日経平均はＮＹダウに比べて明らかに割安だ。現時点で日経平均のＰＢＲ（株価純資産倍率。代表的なバリュエーションの一つで、数値が低い方が割安と判断される）は一・三～一・四倍だが、米国では三倍を超えている。この数値が日経平均で二・〇倍くらいまでに上がるようだと、日経平均は二万七〇〇〇円くらいに届くはずだ。

私は二〇一六年初に社員の前で日経平均のレンジ予想をしたのだが、その時は、一万五〇〇〇～二万円と答えている。ＮＹダウは一万五〇〇〇～二万ドル。二〇一七年の予想は為替で一一〇円～一三〇円、ＮＹダウは一万九〇〇〇～二万二〇〇〇ドル、日経ダウは一万七〇〇〇～二万二〇〇〇円と個人的には観ている。

トランプ政権誕生のユーフォリア（熱狂的な陶酔感）は、当分覚めないと考えておいた方が良い。トランプも就任後の一〇〇日間が勝負だと理解しているはずで、矢継ぎ早に政策を発表するはずだ。あれほどのビジネスマンは、タイムリミットをわかっている。

死ぬほど規制緩和をする

フェデックスという会社をご存知だろう。創業者はフレッド・スミスという人物である。彼はイェール大学に在籍している時に、夜間の空港を使ったオーバーナイト・デリバリーに関する論文を書いた。ところが教授から落第点をもらう。しかし、フェデックスは最終的に大化けした。その理由は、規制緩和にある。

フェデックスは一九七〇年代半ば頃に低迷期を迎えていたが、一九七八年の航空会社規制緩和法（国内航空の実質自由化。具体的には路線参入の自由化、運行資格制限の撤廃、運賃の自由化）によってサービスエリアを拡大できるようになり、窮地を救われた。この成功例は、日本のヤマト運輸の成功例（ヤマト運輸は役人の規制に泣かされた）とはまさに対照的である。米国の新自由主義政策を物語る一節だ。

一九八一年に誕生したレーガン政権も、規制緩和の流れを受け継いでいる。そのレーガン大統領とトランプはよく比較されるが、トランプも相当な規制緩和を実行するはずだ。冗談ではなく、死ぬほどやるだろう。トランプは、歴代の大統領の中で一番経済のことを理解している大統領だ。ありとあらゆる方法で経済を活性化させることだろう。

トランプを見くびらない方が良い

私が思うにトランプは並大抵の男ではない。事実、彼はこれまでに何度も破産の憂き目に遭っているが、そこから這い上がったばかりか大きな成功を収め、最終的には大統領にまで上り詰めた。何度も破産すれば、大抵の人間ならノイローゼになってトランプ・タワーから飛び降りたことだろう。ここまでタフな男は歴代の大統領の中でも珍しい。

トランプはお金儲けが得意で、基本的にお金儲けのことしか頭にないが、大統領になった今、彼の頭にあるのは米国を金持ちにすることだ。彼のモチベーションは、言葉の通り偉大な米国を再び取り戻すことにある。レーガンの再来といっても過言ではない。

彼は、米国の中間層を豊かにすることを本気で考えている。そのためには株高が有効だということも知っているはずだ。日銀（調査統計局）のレポート（二〇一六年一二月二二日付）によると、米国民の個人金融資産に占める株式と投資信託の占める割合は四六・一％にのぼる。日本はたったの一三・六％だ。すなわち、株高は米国民の懐を確実に豊かにする。

一九八〇年代のバブルの時に日本の株式時価総額は米国のそれを上回ったが、今となっては米国の時価総額は日本の五倍にまで膨らんだ。米国の資産効果（金融資産の価格が上がることで投資や消費が活発になること）は私たちが想像している以上に大きい。言い換えると、トランプは常に株高を意識するだろう。

トランプ政権になって株や不動産が下落するようだと、政財界からそっぽを向かれ政権はいとも簡単に崩壊へと向かうはずだ。資産高は至上命題であり、価格が上がるようにトランプはシナリオを作るだろう。

トランプは、そうすることこそが米国を強くすることだと考えているはずだ。中国を封じ込めるくらいの力を身に付けたいと考えているに違いない。実際、中国の封じ込めに動くはずだ。

対日政策に関してはそこまで心配しなくても良いだろう。米国からすると日本が脅威だったのは一九八〇年代までの話であり、昨今の日本は眼中にない。日本からすると嬉しいような悲しいような感じだが、米国がもっとも意識している競合国はやはり中国であり、日本など二の次だ。

日本のＧＤＰはいまだに世界三位を誇るが、世界全体のＧＤＰに占める日本の割合は六・四％（二〇一七年予想）しかない。株式時価総額のそれも七・二％であり、「ジャパン・アズ・ナンバーワン」と言われた時代とは隔世の感がある。しかも、伸びしろはほとんどない。ワシントンは中国の封じ込めという観点では日本を重視しているが、経済的な脅威を日本に感じ取っていることなどまずあり得ないだろう。

私は『ジャパン・アズ・ナンバーワン』（エズラ・ボーゲル著 TBSブリタニカ刊）の著者として知られる社会学者のエズラ・ボーゲルと一九九七年二月に隣席で食事をする機会に恵まれた。日本語が堪能な彼が『ジャパン・アズ・ナンバーワン』を記したのは一九七九年のことだが、一九九七年にもなると「これからは中国の時代だ」とはっきりと言っていたのを覚えている。ちょうど二〇年前のことだが、この二〇年間の中国の躍進たるや見事なものであった。二〇二〇年くらいには一人当たりのGDPが一万ドル（二〇一六年時点では八二六〇ドル）に到達すると見込まれている。一万ドル×一三億人は一三兆ドルになるため、日本のおよそ二・五倍もの経済規模になる見通しだ。米国に追い付くのはまだ先だが、いずれは米国にも追い付く。そう考えると、米国の競合相手は中国であって日本ではない。

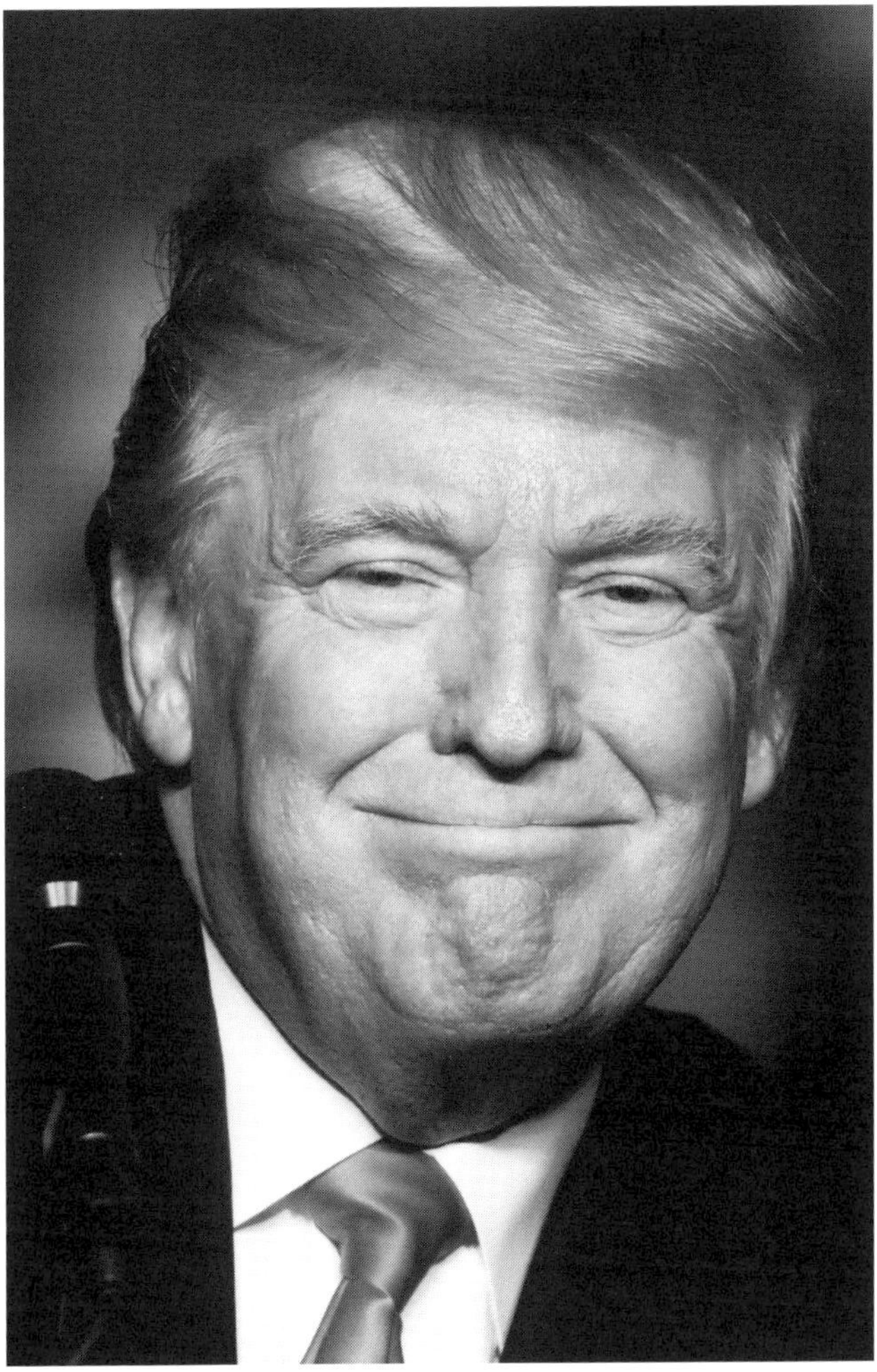

トランプは本気で米国を強くし、米国の中間層を豊かにしようと考えている。知れば知るほど、恐ろしい男かもしれない。
（写真提供：AP/ アフロ）

日本人は投資資産を持とう

米国にとって日本が眼中にないということは、裏を返すと、かつてのように円安に対してうるさく言わないということだ。すなわち、円安が想定以上に進む可能性もある。日本人の外貨建て資産が全体に占める割合は三％程度だが、これは明らかに少ない。長期的なヘッジとして外貨や金を保有することをお勧めする。

『LIFE　SHIFT』（リンダ・グラットン　アンドリュー・スコット著　東洋経済新報社刊）という書籍をご存知だろうか？　米国のリンダ・グラットンとアンドリュー・スコットが記した名著で、二〇一六年のブック・オブ・ザ・イヤーにも選出されている。この本によると、本日、生まれた赤ちゃんは高確率で一〇七歳くらいまで生きるという。人生を設計する上で、現在の平均寿命（八三歳）を想定していてはいけないというのだ。

数十年前までは日本では一〇〇歳を超えている人は数名しかいなかったが、今は六万五〇〇〇人もいるという。米国には一六万人もいるのだ。前述したヘンリー・キッシンジャーは九三歳で、世界中を飛び回っている。ポール・ボルカーは八八歳、著名投資家のウォーレン・バフェットやジョージ・ソロスも八六歳にしてバリバリの現役だ。

長生きになると、よりお金が必要となる。その点、米国人は投資が大好きだ。一方、私たち日本人はあまりにも投資を敬遠する。やはり、日本人も将来的なインフレを覚悟して、キャッシュフローを生む不動産や株式資産を持たなくてはならない。キャッシュフローを生む資産という点が重要だ。

第二章

激論！　トランプ相場で儲けるための注目市場・銘柄とは？

対談

■トランプはなぜ、アメリカ大統領選に勝利できたのか？

浅井　みなさん、おはようございます。今日はご参集いただきありがとうございます。はっきり言いまして、私もトランプがアメリカ大統領選に勝利するとは予想だにしていませんでした。そして、その後の市場の反応にも本当にビックリしました。

トランプに関する本はいろいろ出ていますが、本書はちょっと違った見方をした本にしたいと思います。タイトルは『トランプバブルの正しい儲け方、うまい逃げ方』です。実際に、投資や資産保全において役に立つ話にして行きたいと思っています。

今回のトランプの当選に関しては、アメリカのマスコミでさえ予想していませんでした。ある意味で、大衆心理の恐ろしさ、世の中のトレンドの恐ろしさを感じずにはいられません。江戸幕府も、いろいろな偶然のような出来事が重なって崩壊しました。しかし、二六〇年続いた江戸幕府があの時滅んだのは、偶然ではなく必然だったのです。同じように、今トランプが米大統領になったということも、長い歴史でいえば「八〇〇年周期」（六二〜六三ページ参照）や「覇権の移行」（六五ページ参照）の周期説に則っています。西洋が衰え、最後の覇権大国だったアメリカが力を失いつつあるのです。次の覇権国が中国になるかどうかは、まだわかりませんけれど。昨日（一二月二五日）、中国人民解放軍のウクライナから購入した空母がついに西太平洋に出ました。一〇〇〇年の歴史上、初めてのことが起きたのです。新聞には小さく載っていましたが、実際には大変な出来事です。あれはトランプに対する当て付けで、中国に対して貿易等で厳しいことを言って来るのではないかということに対してのけん制もあるようです。

私は「カードはついに四枚揃った」と言いたいのです。プーチン、習近平、将軍様（金正恩）、そしてドナルド・トランプと。もちろんもう一人、代表的なタカ派の国家元首（暴君）としてトルコのエルドアン大統領などもいますが、

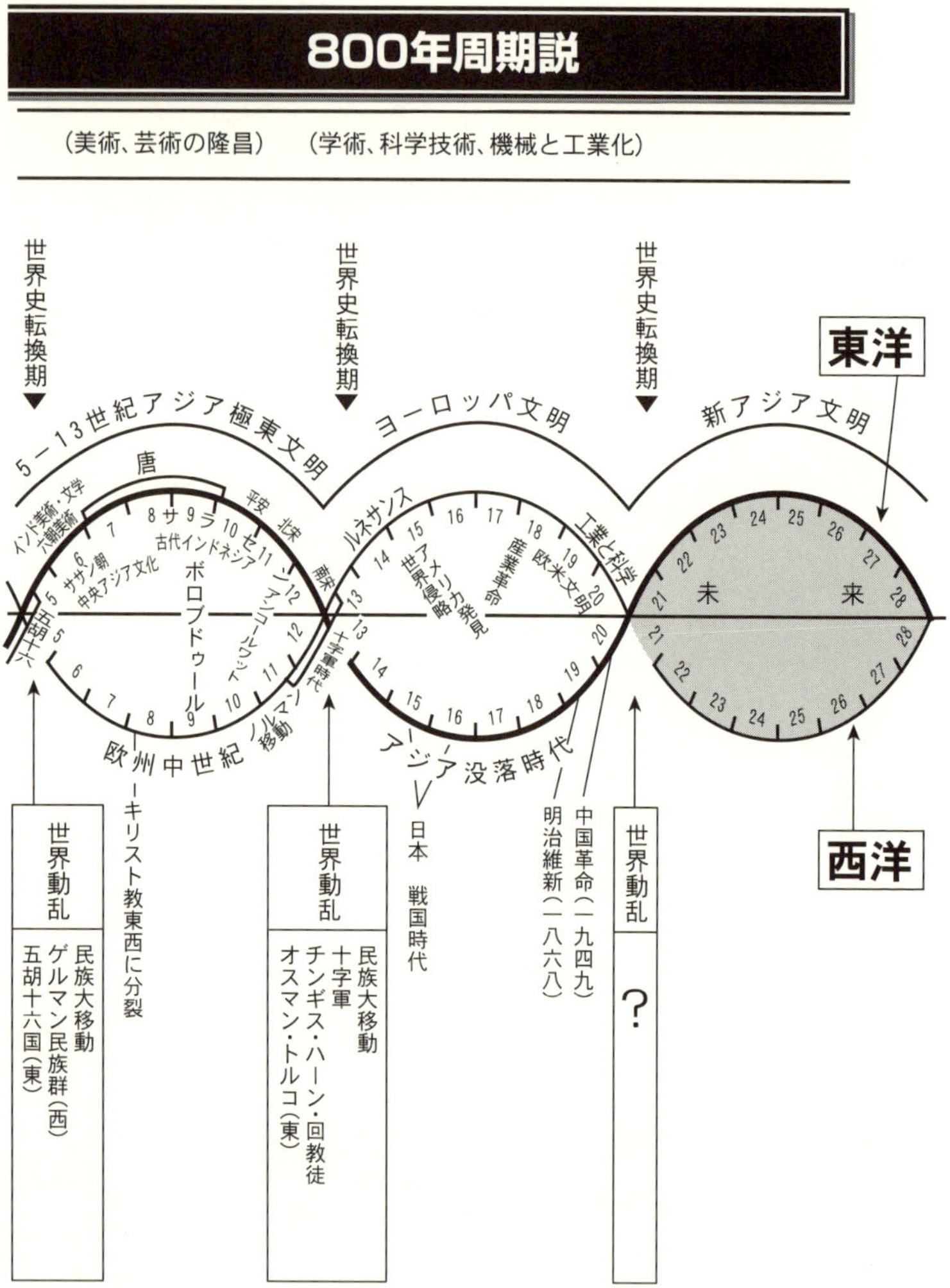

盛と衰退を繰り返しながら進化してきた。東の文明が盛んな時は西が

明の周期説。

文明の

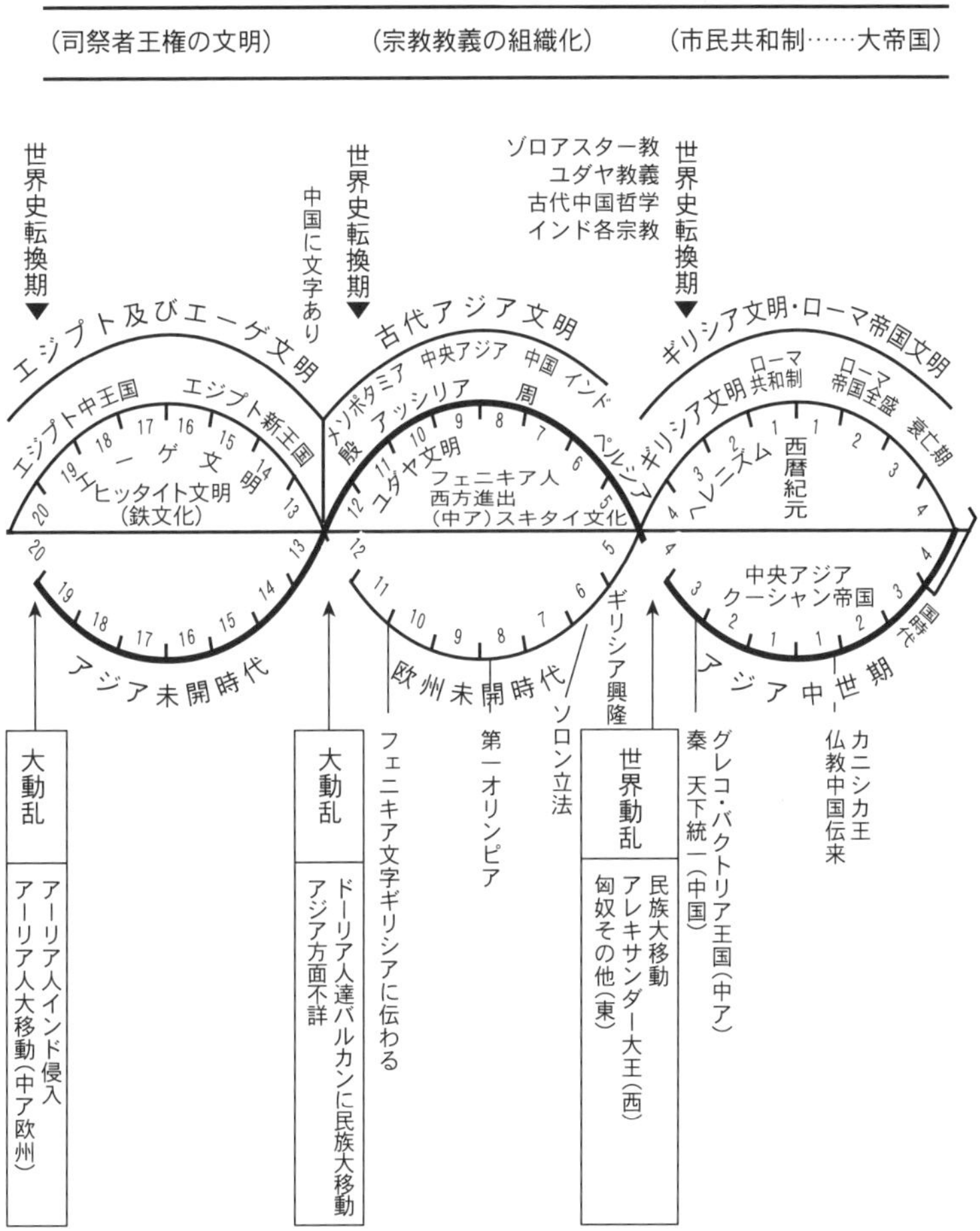

■人類文明には800年という周期が存在し、800年ごとに東西が隆衰え、西の文明が盛んな時には東が衰えるとする村山節氏が説いた文

日本から見たらちょっと遠いのでやはりこの四人でしょう。トランプ大統領の登場で、気になることは政治、軍事、日本の財政・経済と様々ありますが、今回は特に経済に絞って考えて行きたいと思います。

読者の皆様から見たら、今更トランプが何者であるかとか、トランプの将来性を普通に予想したところで言い尽くされていますし、面白くありません。そこで、トランプバブルでどう儲けるか、またそれがいつまで続くのか、日本の不動産にはどのような影響が出て来るのか、そして本当にバブルなのかも含め、現時点での大胆な意見を言っていただきたいと思います。

林　私はトランプを二つの点から考えています。トランプには、「本当に大統領になりたかった」「実は今、大統領になってしまって困っている」という相反する両面の心理があると思うのです。個人的には、彼は大統領に本気でなるつもりはなかったのではないかと思うのです。ただ、彼は生い立ちに一矢報いるべく、つまり、今までの生い立ちでエスタブリッシュメントに馬鹿にされていたので、究極のエスタブリッシュメントになって奴らを見返してやろうと

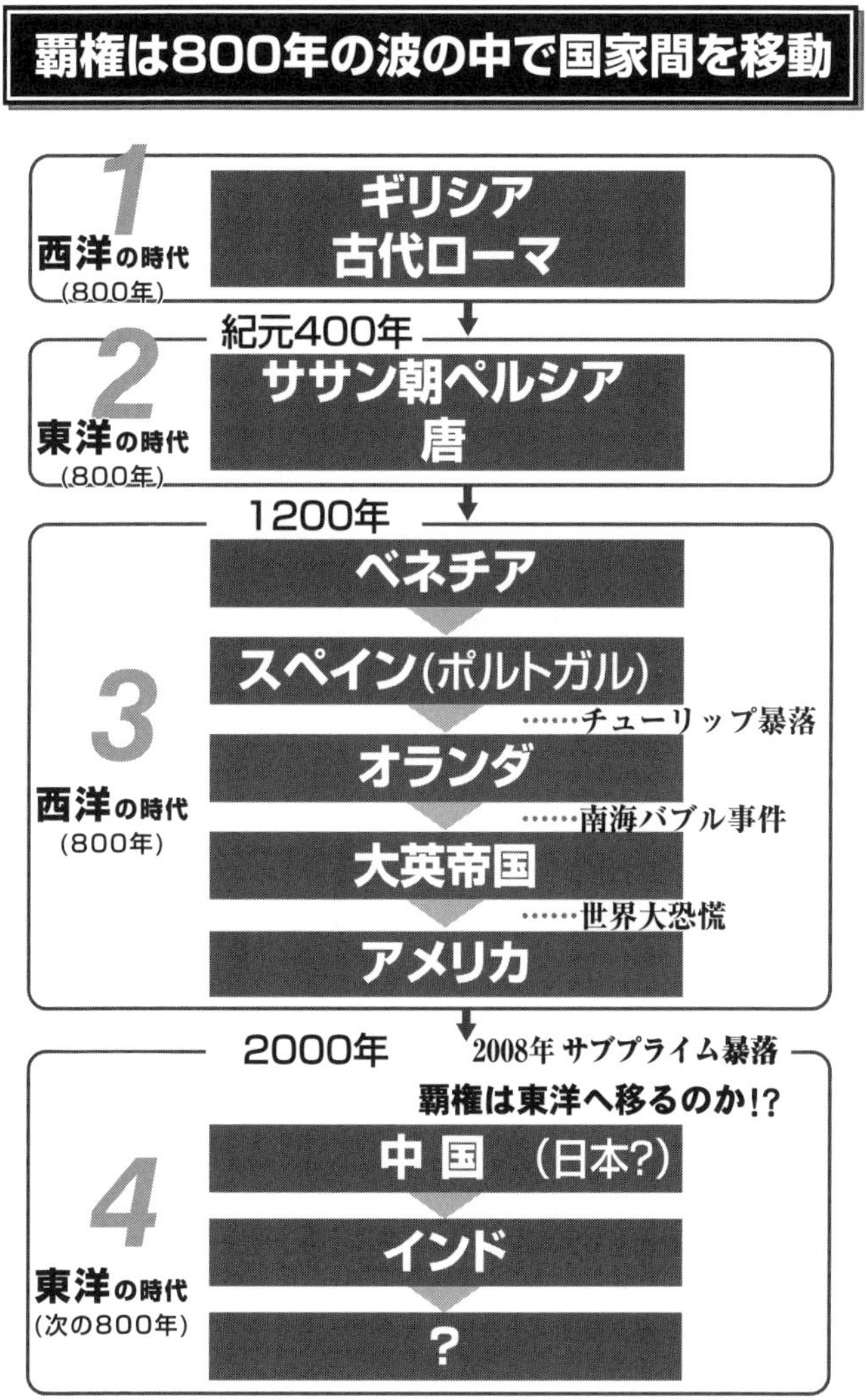

■「覇権は西進する」という文明の法則。このまま西進という流れが変わらず続けば、太平洋を渡ってアジアにやってくることが予測される。

思っているのではないかと思うのです。

私は同じ不動産屋なのでよくわかるのですが、不動産屋は社会的階層から言うと所詮不動産屋なわけです。いくら金持ちになってもそこは変わらない。そこで、財を成すと次に欲しいのは名誉です。階段を上がりたいわけです。日本でいえば、公家《くげ》になりたいのです。

浅井 お公家様ですね。対して地下人って言いますね。

林 そうです。平清隆のように、上りたくてしょうがないのです。端っこでもいいから殿上人《てんじょうびと》になりたかった。だからトランプはいろいろなことに挑戦して、最後に大統領に挑戦したわけです。その反面、途中で「バカなことはやめて選挙から降りてくれ、降りて誰かの応援をしてくれ」などと言われるのも思いのほか楽しくて、ずっと続けていたら自分が勝ってしまったという思いもあるのです。選挙中、気が付いたら自分だけが一人残っていて「これはヤバい」とは思ったのです。命の危険がありますからね。彼はビジネスマンですから、政治家みたいに国政に燃えているわけではない。たとえば坂本龍馬ならば、

「日本のため、命張ってやっています」と言えたでしょうし、昔から政治家というものはお国のため、命張る覚悟で臨むことは多々あるものでした。そこがビジネスと政治の大きな違いです。実際、アメリカ大統領は暗殺された人も多い。でも、ビジネスマンはよほどのことがなければ殺されないし、そこで命張っても意味がない。命と引き換えの仕事はないのです。でも、政治にはあります。

浅井　過労で死ぬことはあってもね。政治家は下手すれば殺されることだってありますからね。

林　トランプは、大統領になれば殺されることもありうるので「ヤバいのでは」と思っていると言います。

浅井　私が聞いた話では、選挙当日、彼は最初負けると思っていたみたいです。

関　自分でそう言っていますよね。朝、奥さんに「今日は落ちるから質素なイベントにしよう」と話していたらしいです。だから、勝ってしまって家族までビックリしたそうで。

浅井　世論調査やマスコミ報道を見ていたら、ほとんど無理でしたものね。

林　なぜ勝ったのか。それは、彼が政治家ではなく商売人だったからです。選挙と政治は全然違うもので、選挙というのはある意味、商売なんです。一票いくらの売上げです。良い政治家が選挙に勝つとは限りません。しょうもない政治家ほど〝選挙屋さん〟になっています。そういう人は選挙には強いが、中身がない。

浅井　安倍首相なんかもそうですよね。支持率取るのもうまいし、なかなかですよね。ただ、彼が本物の政治家と言えるかどうかはわかりません。

林　選挙に勝つ力と政治家としての能力。この両方を備える人はあまりいないので、選挙の時は参謀がしっかりしていなければなりません。

浅井　今回、トランプに参謀はいましたか？

関　家族です。娘婿のジャレッド・クシュナーをはじめとした家族。

林　例のユダヤ人ですね。商売で成功するように、選挙に勝ったのです。

浅井　あとはトランプの問題発言ですね。アメリカ人が今まで言えなかった不満に、ちょうどうまく乗ったというのはありますね。

林　今までのトランプは、政治家ではなく会社社長だったから、将来発言のつじつまを合わせなければならなかった体験がないのです。

浅井　オバマ大統領は「チェンジ、チェンジ」と言って、結局チェンジできませんでした。でも、当時は特に白人の中間層が没落して行く最中で、彼らは自分たちに都合のいいチェンジを求めていた。

林　政治家的な言い方すれば大衆迎合ポピュリズムですが、営業的な言い方をすればセオリー通りです。自分が、売り込む商品そのものだからです。自分という商品を高く売るために行なった政策は、マーケティングツールだっただけなのでバラバラでした。トランプの今回の選挙は一大営業、一大売上イベントだった。そう考えて政治家的解説を商売的解説に置き直すと、全部つじつまが合います。

浅井　細かい話ですが、得票数ではヒラリーの方が勝っていたわけです。しかし、アメリカ大統領選挙の特殊なところとして選挙人制度があります。なぜ、選挙人制度ができたかご存知ですか？　昔の田舎のアメリカ人は識字率が低かったので名士や知識人に選挙を託したため、その名残だそうです。最近の話ですが、陸軍の二等兵向けの戦闘マニュアルも、英語ではなく漫画で描かれているそうです。アメリカはベトナム戦争終了後、徴兵制を停止しました。今の米軍はあまり海外に出兵しませんが、当時は海外派遣が多く、死者も結構出ていました。当時は南部の黒人や移民など、貧しい人がたくさん入隊していました。だから、文字が読めないのです。このような歴史的背景があります。

森山　私自身も予想を外した人間ですから大きなことは言えませんが、トランプ自身は「走りながら考えている」ところがある人だと思います。今までの大統領も同じですが、ブレインにどういう人を集めるのかによって、その方向性がおのずと見えて来ると思うのです。しかし彼の場合、それがなかなか読めない。というのは、彼が役者であり商売人であるというところですね。役者というのは今までの経験です。プロレスの案内とか様々なコメンテーターなどという形で、聴衆に対して訴えかけるツボを心得ている。ですから、非常に話術が巧みですよね。一方で成功も失敗もありましたが、不動産であれだけの資産を築いて、カジノでは失敗をしましたけども、ビジネスに長けている。ビジネスに長けている点では、今までの大統領の中では「ピカイチ」だと私は思っています。ですから、古い言葉で「重商主義」という言葉がありますが、これからは本当の意味ではなくて〝商売を重視する〟という重商主義に回帰するのかなと思うのです。トランプは、予測を立てるよりもアドバルーンを上げ、それで周囲の反応を見ながら政策・戦術を決めて行くと思います。

浅井　大使は誰が決めているのですか？　彼が決めているのですか？　参謀？

森山　ブレインが何人かいらっしゃるのではないでしょうか？　それは安倍さんも一緒ですよね。安倍さんも一人では進められないのと同じように、トランプにもブレインがいる。どんな人物かというとなかなか難しいけれど、彼が上げるアドバルーン、そして出て来るツイッターのコメントや報道官のコメント、そういったものを追って行くとわかります。

浅井　オバマが真面目で、頭が良くて、おとなしくて、弁護士のエリートだったのに対して、今度は強面の何をするかわからないパフォーマンスのうまいやんちゃ坊主……。そういう意味では見ている方は面白いけど、とばっちりを食う人も出てきますよね。

早川　それはそうでしょうね。

浅井　誰かとばっちりを食う人はいますかね？　今回、トランプが大統領になって。

森山　様々、出て来ると思いますよ。今はまだ、彼がどういう方向に行こうとしているのかわかりませんから、一月二〇日以降ですね。私は〝トランプに入れた人のデモ〟が起こるのではないかと思うのです。

浅井　トランプに投票した人のデモ？　逆に？　言っていることが違うんじゃないかと？

森山　そうです。現状、ヒラリーに入れた人が「こんなやつを我々は認めない」というデモを起こしています。トランプは昨年一一月二一日以降、「一〇〇日計画」と呼ばれる新政権の行動計画をツイッターにて発表しましたが、その中にはとうてい実現が難しいものもかなりあります。

浅井　ただね、トランプに投票したアメリカ人達も、本当にトランプがやると思って投票したのか、あるいは半分はパフォーマンスだけど不満をぶつけたいと思っただけなのか。

森山　それはありますね。おそらく両方あるでしょう。トランプは代表的な政策に対しては有言実行なのですが、その他は置き去りにするでしょう。全部は救えませんから。そういうものがたまってきた時にどうなのかな？　という危惧があります。だから今、「メイク　アメリカ　ホワイト　アゲイン」になっているのですよ「グレイト　アゲイン」ではないですよ、「ホワイト　アゲイン」（白人優先）なんですよ。ヒスパニックを含めたカラードの人たちに対してどういう政策やコメントを発するのか。その辺りも見物ですね。

浅井　それと、トランプが実際やらなくてもトランプが言ったことをトランプの支持者たちが代わりに行動に移している。すでに少数派（人種的な）はアメリカ国内で相当いじめられているみたいですね。正確に数字を調べたわけではないけれど、トランプが決まってからカナダとニュージーランドへの移民希望者が相当今出ていると言われています。ニュージーランド政府は、今年は移民枠を増やすと言っています。だからある意味、チャンスになる国もあるのですね。特にニュージーランドは、あまり知られていないのですけども「南半球のシリコンバレー」と言われるほどＩＴ産業がどんどん伸びている。それだけではなくて、中国人がバブルでニュージーランドの不動産を買い漁った。その結果、不動産が上がってきた。しかし中国バブル崩壊で、去年くらいは中国人が一斉にいなくなりました。二〇一五年の夏の株の暴落以降、「中国人がオークションから消えた」と言われるくらい。その穴を、今度はアメリカ人、インド人が増えてきて埋めています。

森山　移民ですね。

浅井　移民兼投資ですね。昨年の一一月に取材してきたのですが、わが耳を疑いました。ニュージーランドの不動産は、今や東京より高いのです。オークランドの平均的な戸建てがワンミリオン（一〇〇万ニュージーランドドル：以下

ＮＺドル）します。一ＮＺドルが八〇円ちょっとですから八〇〇〇万円くらいになる計算だけど、国内の感覚では一ＮＺドルは一〇〇円ですから一億円ですね。しかもね、とても住めないようなボロ家、すぐ建て直さなくてはならない、ちょっとした庭がついているだけの家でもワンミリオンと言っていました。私がお客さんに不動産投資を勧めていた一五・六年前は、オークランドではワンミリオンなんて家はほとんどなくて、「ワンミリオンなんて、どんなすごい家なんだろうか」と言っていたのを覚えていますから。それが一五年経って、こうなっています。

それを加速しているのが、今回のトランプ現象です。ニュージーランドの不動産はかなりバブルで高くなっていると言えます。

それと、ＩＴですね。これからニュージーランド政府は国として相当、ＩＴ産業に力を入れるみたいです。ですから、労働力の流入という面からもトランプ当選はニュージーランドにとってはチャンスです。ニュージーランドについて、もう一つ面白い話をしましょうか。私は飛行機が好きなので、その国にどんな飛行機が飛んでいるのかチェックしているのですが、この間オークランド空港になんとシンガポール航空のエアバス３８０、あの世界一大きな飛行機（総二階建てのジャンボより大きい世界最大のジェット旅客機）があったのです。シンガポール航空は日本線からエアバス３８０を引き抜いて、逆にニュージーランド線に入れたのです。シンガポール航空は国策会社でマーケティング力もすごいのですが、アジアからシンガポール経由でニュージーランドへ行く人がどんどん増えているし、これから増えるだろうと考えてエアバス３８０を投入しているのです。そのくらい、アメリカの影響も含めてニュージーランドは今後、面白いなと思っているのです。ちょっと余談になってしまいましたが。

■トランプとは何者か

浅井　日本とアメリカでは、税金に対する考え方がまったく違います。日本では税金は、江戸時代の年貢そのものなのです。国から取り上げられるものだから払いたくない。年貢だから払ったあとのことには無関心。アメリカは逆ですよね。独立戦争を起こして自分たちが作った国だから、税金は絶対に納めなければならないし、税金の使い方にもすごく厳しい。ニクソン大統領が辞めさせられた理由はウォーターゲート事件ですが、その追及の過程の中で脱税したことがわかったことが大きかった。

林　それはキーワードですね。アメリカは自分たちが税金でつくる国だから、脱税するということは義務を果たしていないことになります。日本は国に取られているものという認識だから、脱税には比較的寛容と言えますね。

浅井　武士が今の官僚・政治家（国家）で、取られる私たちは町人・農民という考えです。

林　脱税に関する刑の重さも全然違います。アメリカはすごく厳しいです。

早川　けれど、トランプは税金を払っていません。アメリカは超富裕層にとっては快適な国といえます。ビルゲイツを筆頭に、自分たちで慈善基金団体を作り、社会貢献や寄付をします。出身校には数百億円の寄付をして、他のビリオネアたちと寄付を競ったりしています。でも、そこには紐が付いているのですよ。

浅井　その根底には、キリスト教の伝統がありますね。中世のキリスト教は堕落してひどかった。宗教は、ほとんどお金集めでした。ただキリスト教にはチャリティー精神や寄付するという習慣もある。今回の選挙で垣間見えたのは、キリスト教のイスラム教に対する一種の反発とも言えるでしょう。トランプは何教徒でしたっけ?

関　敬虔なクリスチャンですね。プロテスタントです。選挙参謀の娘婿はユダヤ人でユダヤ教です。

浅井　宗教を信じているから寛容かといったらそんなことはなくて、ヨーロッパの宗教戦争を見ればわかりますが、最後は相手を絶滅させるまでやります。宗教にはその恐ろしさがあります。多くの争いごとは、宗教間で起きていますし。

早川　二〇一六年一二月二三日、国連安保理でヨルダン川西岸に対し非難決議が採択されましたが、これに対してアメリカのオバマ大統領は、その決定に反対こそしませんでしたが棄権しました。慣例となっている拒否権を行使しませんでした。それに対して、トランプは拒否権を行使すべきだという立場です。今までのアメリカとイスラエルの関係を重視するという、共和党的な考え方です。

浅井　それは、やはり親族にユダヤ人がいるからですか？

早川　もちろんそれもあるでしょうし、歴代の政権がイスラエルと関係が強いこともあります。

林　トランプはイスラエルを支持しているのですか？

早川　もちろん、支持しています。

林　「中東の争いの元凶だ」と言っている報道を見ましたが？

早川　彼は本来の政治家ではないので、その時々で発言が変わります。

関　基本的には親イスラエル、反イランですよね。

浅井　今回、閣僚の中に軍人が三人いますよね？　しかも、「狂犬」と言われているジェームズ・マティスが国防長官に就任します。人をピストルで殺すのが好きだとか、かなり過激な発言もしていますね。普通だったら要職には入れない人ですね。

林　トランプから閣僚指名されても入りたがらない人もいますね。先のこと考えて、どうせ短命の政権だとしたらなまじトランプと関わると将来の政治生命に関わります。

浅井　しかし、彼は入るでしょう。なにせ、狂犬ですから。トランプとも意見が合うのではないでしょうか？　アメリカ軍の司令官は大統領だから、トランプが「北朝鮮に核兵器を突っ込んでやる！」と言ったら大統領の命令は絶対なのでやる気になればできるわけです。その場合、軍は本当に実行するのでしょうか。

■トランプに怯える世界

浅井　今、トランプが大統領になって世界で一番怖がっているのは誰でしょう？

早川　習近平が矢面に立たされている状況です。トランプは台湾と直接話し合いました。

浅井　「一つの中国」原則の見直しを示唆したアメリカ大統領は今までいませんでしたね。

関　あれは中国から良い条件を引き出すためのカードに過ぎないと思います。本当に台湾が独立宣言するとしたら、中国は攻撃すると思います。中国からしたら、そこだけは絶対引けない問題だと思います。だから、トランプからすると取引材料でしかなく、中国に対していい条件を取り付けたいがためのカードです。

浅井　本当の意味でトランプはワルですね。そのあたりもプーチンと似ているし、気が合うのではないでしょうか？

早川　ソフトバンクの孫正義がトランプと会いましたよね。そのとき、シャープを買収したフォックスコン（台湾を代表する精密機器メーカー）が中国に持っているアイフォン（ｉＰｈｏｎｅ＝米アップル社のスマートフォン）の組み立て工場の一部をアメリカに持ってきたら雇用が増えますよと進言したと言われています。何で他の企業のことを？　と思われるかもしれませんが、その後、実際にフォックスコンのテリーゴウ氏はアメリカへの投資を発表した。

浅井　その辺の落としどころですね。

早川　シャープを買収する時の橋渡しも孫正義と言われていますしね。このようにアメリカ第一主義を実践しようとしている中で、ロシアとは非常に良い関係です。プーチンと仲の良い、エクソンモービルＣＥＯのティラーソンを国務長官にしています。こんなことをしていいのか。

浅井　その話で行くと、原油価格は上がるのでは？

真のワルか敏腕経営者か？
トランプの本性が明らかになる日は近い？（写真提供：AP/ アフロ）

早川　一方で今、原油価格は五〇ドルまで来ていてシェールオイルの生産コストを上回っており、設備稼働が急回復してきています。

浅井　ロシアって原油と天然ガスで生きている国ですし、最後は国益の問題です。さらにOPECが減産を始めました。マーケットの話にもつながりますが、原油は下がり過ぎていたのが問題で、サウジアラビアだって上げて欲しいわけです。サウジアラビアとトランプはどういう関係なのでしょう？

早川　微妙な関係ですね。

浅井　ここ数年間、サウジアラビアはアメリカに見捨てられたと怒っています。ただ、トランプは馬鹿じゃないのでサウジアラビアともうまくやっています。アメリカも原油が上がればハッピーですよね？　今や産油国（シェールオイル）ですから。アメリカ、ロシア、サウジアラビアがハッピーという路線はあるのではないでしょうか？

早川　あとで言おうと思いましたが、短期的にロシアのポジションは非常にいいと思います。

浅井　トランプ大統領になったことによって、ですね？

早川　二〇一四年には一ドル＝三〇ルーブル台だったのが、二〇一六年一月に八〇ルーブルまで下がったあとに、現在六〇ルーブルに戻していますが、まだ三年前の半値です。一方で政策金利は一〇％、インフレ率は七％ですので、どう考えてもルーブルが半値になっている現状は割安だと思われます。

浅井　ジム・ロジャーズもロシアは買いだと言っています。私は二〇一七年二月四日にシンガポールでジム・ロジャーズ独占インタビューをやります。かつてソロスと組んで世界一稼いでいたジム・ロジャーズがトランプをどう見ているかを聞いて来ようと思っています。

関　ジム・ロジャーズはドル高とロシア買いを当てて、日経新聞がベタ褒めしています。

浅井　ジム・ロジャーズは米ドルがいいと言っていたのですよね？　ソロスは金（ゴールド）と言っていました。

関　この本が発売される頃には、ロシアの経済制裁が解かれているかもしれません。

早川　すでに二〇一六年、ロシアはドルベースの株価指数（ＲＴＳ）が五割ほど上がっています。でも、その程度では……。二〇一一年以降は思い切り売られて、アンダーパフォームしていましたから。

浅井　今からでもロシア株は買いですか？　日本の証券会社でもＲＴＳのＥＴＦは購入できますか？

早川　買えます。いくつか方法はあります。

浅井　注目の銘柄はありますか？

早川　はい、ＲＴＳはドルベースの株価指数で、今年は五〇％上昇しています。ただし、ここにはルーブルの対ドル為替上昇分が二十数％含まれていますので、現地通貨建てインデックスはまだ二〇％強しか上昇していないということです。

浅井　ジム・ロジャーズは北朝鮮の投資も面白いと言っていますね。将軍様はトランプのことをどう思っているでしょう？

関　「うっしっし」だと思います。中国は別カードにしておくとしてトランプが親ロシアですし、EU、韓国、日本はビビっています。トランプは選挙中、金正恩はただ遊んできたわけではなく、あれだけの政敵をかいくぐってやってきたと褒めていました。

浅井　では、似た者同士ですね？

関　金正恩に対して「ハンバーガー食べながら話をしよう」と言っています。

■トランプと金正恩はうまくいくのか

林　北朝鮮へは投資できませんよね？

関　ジム・ロジャーズは北朝鮮への投資でアメリカの金融庁から罰金を受けました。経済制裁しているからですね。

浅井　日本人が北朝鮮に投資するとしたら、何ができますか？

関　パチンコ屋に投資するとかでしょうか。不動産なら中国経由とかで……。

林　私の友人の華僑が、北朝鮮で土地を買っています。買えることに驚きました。

浅井　中国の北朝鮮銘柄とか。

林　それは探せばあるかもしれませんね。

浅井　良い悪いは別にして、金正恩は大したものだと思います。あれだけ人を蹴落として生き延びているでしょぅ？　あの権力闘争は大変だと思います。下手すれば、自分が殺されてしまいます。

関　あの人は五ヵ国語ぐらい喋ることができます。スイスに留学してドイツ語、英語など、自分で海外のメディアも見ることができます。頭がいいんですよ。

浅井　彼は日本は好きなのかな？

関　金正恩はあんまり……ですね。

浅井　秋葉原とか行ってなかったっけ？

関　それは兄ですね（笑）

浅井　話を戻しましょう。やはり、将軍様は「うっしっし」ですか？

関　推測では「うっしっし」です。理由は、韓国や日本はトランプがどう出て来るか焦っている中で、北朝鮮は積極的にトランプに働きかけています。今の状況自体は、金正恩としては嬉しいはずです。

林　でも「韓国と日本が核を保有したらどうだ」というトランプ発言もありますけど。

関　それは北朝鮮としては確かに困りますね。韓国と日本が核兵器を持つとなると、中国と北朝鮮は怖いと思います。

浅井　一つのシナリオとしては、日本と韓国が親しくなって同盟を結んだら、北朝鮮も中国も怖いと思います。今まで、日本と韓国は仲が悪かったから、助かっている。

林　トランプの在日米軍を引き上げるって話は口だけでしょうか……。

浅井　口だけですね。それはカードとして使っているだけです。金を出せ、金を出さなきゃ引き上げるぞということです。私は在日米軍引き上げはないと思います。二〇年後、三〇年後はわかりませんが。もう一つ言えることは、最近中国の空母が西太平洋に出てきましたが、今回はまだ試験レベルですが、五年後はわかりませんね。

林　安倍首相は逆に喜んでいますよね。トランプが米軍引き上げるぞって言ったら、空いた防衛をどうするのか。自衛隊を国防軍にして憲法改正すると。

浅井　本当に安倍首相は喜びますかね？

関　どちらにせよ、憲法改正するのは大変ですよ。

林　それは大変でしょう。民意をどうするか……。

浅井　兎にも角にも日本の安全保障は大変なことになるでしょう。駐留費の負担増の話は別にして、今後はそもそも米軍を当てにすることはできません。米軍の支援を考慮せず、自国だけで防衛を可能にするには今の防衛費ではまったく足りません。たとえば国防費のGDP比はアメリカが四％くらいで英仏が二％くらい。アジアだと韓国が二％台の後半くらいの水準なのに、それに対して日本は一％を切っています。ちなみに将軍様の北朝鮮は二三・三％とダントツの世界トップです。法律的にも日本の自衛隊は文字通り戦える集団ではありませんが、法律的な制限を無視したとしても自衛隊は戦える集団ではありませんあくまでも米軍の補完部隊でしかない。世界に誇れるのは対潜哨戒能力くらいですよ。哨戒機Ｐ—３Ｃを飛ばして潜水艦を見つける能力は世界一で、米軍が舌を巻くほどです。あと、機雷掃海能力も高い。一方、実践能力は装備面や実弾の面においても技術面においても低い。本当に戦える集団にするには対ＧＤＰ比でせめて世界の一般的水準である二％くらいの防衛費は覚悟しなければなりませんが、日本政府の財布は火の車です。ただでさえ、商売人のトランプは日本の負担増を要求しています。すなわち、どのみち防衛費の増加によって日本の財政危機が早まったということだけは間違いない。

■あいつは馬鹿じゃない

浅井　今回、アメリカと日本の株が相当上がりましたが、日本の株高の一つの理由は円安です。元々、安倍首相は国債を買って円安にして、その間に時間稼ぎしようとしていました。先日、一瞬一ドル＝九九円まで行って真っ青になりましたが、今日も一ドル＝一一七円で落ち着いています。居心地がいいところに来たのです。

そして株式市場ですが、日経平均というのは巨大な意志を持っていると言われています。一人ひとりの人間の意志とは違った意志を持つ生き物だと言われているのです。巨大な予知能力を持っているとも言われています。ですから孫正義の話も含めて、日米の株が上がったのは単なる期待だけではありません。トランプはああ見えて決して馬鹿ではなく、アメリカ第一主義の恩恵はアメリカが受けるのです。そうすると、今後はドル高です。実際、すでにある程度ドル高になってきています。

早川　相当ドル高になっています。一つの見方ですが、過去一〇年間で日米の物価上昇率の差、消費者物価指数と生産者物価指数それぞれの差がざっくり二〇％あります。一〇年前の二〇〇六年は一ドル＝一二〇円でした。これが現時点も同じぐらいになっています。でも、一〇年前の一米ドルと比べて二割減価しているので、一ドル＝一〇〇円で考えるとすでに円安なのです。

浅井　金利差とアメリカの成長性、トランプがとんでもない公共事業をやるのではないかという、そこら辺のバランスですね。ＡＩは今回の選挙をどう判断したのでしょう？

関　インド開発のＡＩが一〇月からトランプ当選を当てたってＣＮＮで報道されていました。インドなんてその日に高額紙幣が使えなくなったりしているのに、大統領選を予測している場合じゃないですよね。

浅井　あの紙幣を使えなくするという話はひどいね。「インド人もビックリ」ですね。

一同　（笑）

浅井　話を戻しましょう。

早川　二〇一一年三月一一日の前の時点で、日本の貿易収支は赤字に転じていました。経常収支も二〇〇七年の二五兆円をピークとして、二〇一四年には三兆円まで減少しています。当然黒字のドル売り円買いの需要がなくなった結果、円安になりました。これが需給からの要因です。ここにきて日銀や安倍首相の政策や原油価格が落ち着いてきて、経済も盛り返してきました。そういう中で日本の貿易収支が黒字に転じてきました。よって、円買い圧力が相当増えてきました。ＡＩの観点から言いますと二〇一五年夏にロンドンのヘッジファンド「ＣＱＳインベストメント・マネジメント」の運用担当者を訪問した際に、為替ポジションについて話を聞いたところ、彼らは円高のポジションに変更したとのことでした。需給だけでなく金利や成長材もビッグデータに落とし込んでいます。さらに進んでいるヘッジファンドあたりは自然言語を解析しています。直近のポジションはどうかわかりませんが、彼らは円高ポジションに展開しています。そういう中で為替は二〇一六年の一月から一気に一〇〇円まで円高になりました。

ただ、現在、一一七円まで戻っています。これには需給が大きく関係していています。ソフトバンクがイギリスの半導体会社ＡＲＭホールディングスを三・五兆円で買収しました。二〇一六年を通して日本の企業はフィンテックも含めて対外投資関連で巨額のM&Aをしています。これらをデータに落とし込むと、円安、ドル買い円売りが確率的に高くなる。需給が一番大事だと思っています。そこに今回トランプが大統領になって、「アメリカファースト」ということになって金利が上がりました。

浅井　両方で、ということですね？

早川　そうです。実需の円安と金利上昇による円安ドル高です。この二つが合わさって、為替を動かしています。

浅井　どこら辺が居心地いいと思われますか？　早川さんのカンで結構です。

早川　オーバーシュートするでしょうから、一ドル＝一三〇円くらいはあると思います。

浅井　アメリカは来年三回金利を上げると言ってますよね？　そうしたらそれに反応しますよね？

早川　景気が良くなってきて金利が上がり出すと、マーケットは大体落ちますから、そこら辺の兼ね合いです。

浅井　一度一三〇円まで行って、そこから戻して最後一二〇円くらいで落ち着くでしょうか。

早川　先ほど言いましたように、ドルは一〇年間で二割減価していて日本の成長性はほぼありませんから、一ドル＝一〇〇円でもおかしくない。それが直近で一一七円という円安になっています。さらにオーバーシュートして一三〇円になれば、かなりの円安だと受け取られ一二〇円くらいに戻すというのは確かに考えられます。

浅井　一三〇円に行ったらドル売って円を買い戻して、円高になった時にまた……それがいいかもしれませんね。もし、投資家がやるのだったら。

関　ドル／円はオーバーシュートして一二〇〜一三〇円、一三五円もありうると思います。

浅井　ただ、一三〇円までいけば買い戻してもいいのでは?

早川　買い戻していいでしょう。

浅井　そこから一ドル＝一二〇円とかに戻るのではないでしょうか。一一五円とか。ただ、もう九九円とかはそう簡単にはないのではないかと思います。

関　よほどのことがない限りありませんね。原油価格が高止まりすると日本の貿易黒字が減るじゃないですか。それも円安要因になりますよね。原油価格が重要なポイントです。原油価格がオーバーシュート（上がる）すると、円安はさらに進むと思います。

浅井　プーチンとトランプはそこら辺の利害が合致するじゃないですか。原油価格を上げる可能性ありますよね。それにサウジアラビアがうまくくっついたら……。

早川　経済の側面から、実際の企業の立場から考えていきますと、私はアメリカのグーグル、アマゾン、マイクロソフト、ＩＢＭなどのハイテクＩＴ関係がさらに伸びてどんどん差がついて行くと考えています。彼らは、自分たちが使うエネルギーはクリーンエネルギーにしています。代替エネルギーベンチャーへの投資は膨大なのです。ですから、私はそんなに原油価格が大きく上昇するとは思えません。

浅井　ただ、市場というのは一瞬ですが行き過ぎますからね。今までは下がり過ぎたから、ある程度は戻す可能性がありますね。日本にとっては最悪ですね。日本は石油が一滴も採れない。中国も需要増に生産量はまったく追いついていません。日中にとって原油高、ましてや暴騰したら非常に良くない。日本の貿易収支は最悪になるし、それじゃなくても財政が非情に危険な時に……。

■市場では大事件が起こっていた

浅井　話は飛びますが、今回、実はかなり日本国内で大変なことがすでに起きています。ほとんどマスコミでは報道されていませんが、金融庁がパニックになっています。どういうことかというと、今まで日本の一〇年もの国債の金利はマイナスだったわけです。それがアメリカの金利が跳ね上がった影響でプラスになってしまいました。特に地銀の一部はこの一〇年ぐらい貸出ビジネスができなかったわけです。優良企業はお金を持っているから、危ないところしか借りてくれないので貸せないわけです。このような状況で、貸したい企業はないしリスクの高い貸し出しミスはできないので、債券で儲けていたのです。その投資先の日本国債と外債が今回、大きく毀損してしまったのです。（補足：二〇一六年一二月一六日付の英ロイター通信は、複数の関係筋の話として「米国や日本など内外で長期金利が急上昇していることを受け、金融庁が主要行や地方銀行の金利リスクの管理体制について緊急調査に乗り出しことがわかった」と報じた。記事は「金融庁は、一部の地銀で外債の評価損益が急激に悪化している事態を問題視」していると指摘している。この件に関しては日本のメディアは一切報じず、ロイターと米ブルームバーグのみが伝えている）

関　外債はひどいですね。

浅井　すでにアップアップの地銀が出てきています。かなり危険な状況です。だから金融庁は、二〇一六年の一一月から一二月にかけて全銀行相手に緊急の聞き取り調査を行なっています。金融庁の幹部たちの意見は「今回の金利上昇は一時的なものではない」と。確かにアメリカがこれからどんどん利上げして行くという中で、日本の金利もさらに金利が上がる可能性があるという。そうなった場合、日本の金融システムが一部動揺する可能性があるというくらいの状態に来ています。

トランプ現象だけが理由とは言えません。さっき話が出たように円高はすでに行き過ぎていました。金利も下がり過ぎていた。反動でいろいろなことが起きる中で、それらはひとまず「トランプ現象」ということになっている。私たちが予想する以上に今回の衝撃は大きくて、逆にこれで儲ける人もいればやられてしまう企業・銀行も出てきます。そう思うと、二〇一六年一一月九日のトランプ当選の意味ということを私たちは真剣に注視していかなければならないし、資産防衛・資産運用にとってもその日は非常に大事なポイントだったと思います。

手前味噌で言いますと、二〇一六年一〇月に『ドルの最後の買い場だ!』(第二海援隊刊)という本を出しましたが、一〇二円がポイントだ、絶対円安になるという風に書いていました。本に書いた以上、自分で儲けてみせなきゃ意味がないということで、八月末頃一〇〇円台で大量に円を米ドルに替えました。日本では、額が大きいと本人が銀行に行かないと両替してくれません。トランプ当選直前の一〇三円でも大量に替えました。その時、数日前にみずほ証券のアナリストがテレビに出ていて「円高になる、九〇円だ」と大声で主張していたのを思い出し「そんなことないだろう」と思いながらも替える額を半分にしてしまったのです。私にとっては失敗でした。みずほ証券のおかげで大分儲け損ないました。

一同　（笑）

浅井　専門家という人々の言うことは恐ろしいと思いました。

早川　彼らは現場での実務経験ではなく頭で仕事しているだけなので、私は信用しません。エコノミスト、アナリストのコメントを聞いても「違う違う」といつも思っています。

浅井　ですから、私のドル購入平均単価は一〇二円なのです。手数料は除いて一一七円ですと一五円抜けました。みずほ銀行の担当者たちは「何でこの時期にこんなに替えるのだろう」と思ったと思います。今になって覚えていてくれれば「あの人はやるなあ」と思っているでしょう。

早川　トランプになると思っていたのですか？

浅井　思ってはいなかったですが、何かあれば必ず円安になると思っていました。

関　もしかしたら、世界中でインフレが台頭するのではないでしょうか？

早川　期待はありますね。インフレ期待はあるけど、実際には一〇年以上インフレになっていません。

浅井　将来的なインフレは絶対にありますね。世界中の中央銀行がお金をバラ撒いているわけですから。

早川　ドルもユーロも円も〝自国通貨安競争〟をしているのですけどね。

浅井　今回、日本の一〇年物の国債の利回りがマイナス金利じゃなくなったことは、何かの予兆ですね。

■トランプ当選に反応した市場

浅井　為替相場の動きを見ていると、開票当日の一一月九日は一〇三円くらいから一瞬、一〇一円まで円高になりましたよね。

関　そうですね。

浅井　そこでいったん止まって、今度はそこから大きく円安に向き始めて。あの日一日の変動もすごかったですよね。結局、一〇五円くらいで終わりました。その後、一日一円くらいずつ円安になるという動きをしていましたが、一一〇円になった時、私は「これはいくらなんでも一度円高に戻すのではないか」と思いました。しかし、そこからまたどんどん円安に行ってしまって。ほとんど円高に戻すことなく一一八円まで行って、今（二〇一六年一二月二六日）、一一七円です。

森山　よく「為替はアメリカが決める」と言われます。アメリカの都合で決まって来ると。今年、利上げを三回行なうことによって、おそらく企業の特に輸出産業はかなりしんどくなるはずです。それが雇用にどう影響するのか。極めてファンダメンタルなエリートエコノミストの予想によると、それほど円安にはならないと。つまり、大幅なドル高にはならない。ドル高にしにくい環境であろうと。前回の一二五円くらいが、行って最大（円の最安値）かなと私は思います。

浅井　行って最大一二五円ね。何年か前に一二五円ありましたものね。いつ頃でしたか？

関　二〇一五年末に一二五円。アベノミクスによる最安値です。

浅井　その後、どうなりますかね？　一度、また円高に戻しますか？

森山　一度、円高に戻すと思います。

浅井　どのくらいまで戻ると思いますか？

森山　今ぐらいでしょうね。一一七円。

浅井　やっぱりね。一番、居心地がいいですよね。一一六、七、八円が。

森山　今まで日本政府は、一二〇円プラスマイナス五円が一番居心地よかったのです。アメリカ政府が過去、居心地の良かったのは一〇五円プラスマイナス五円。しかし、これからはむちゃくちゃ儲かっているスタバとか、あるいはアマゾンとかアップルなどの米国企業が海外で得た利益を本国に還流させることに対する減税、つまりレパトリ（本国還流）減税をやるのです。レーガン元大統領と同じようにです。レーガン大統領の時にレパトリ減税で、三五％を五％にしたのです。一年限りの時限立法でしたから、企業が海外に留保した利益を還流させてバーンと税金が入ってきたのですね。今回は法人税減税もすると言っていますから、通常減税に加えてレパトリ減税で、それほど急いで戻す必要はないと感じているところもあるわけです。ただ、通常の減税がどれくらいの規模でやるのか、あるいは今回発表のレパトリ減税は時限立法なのか三年の期間立法なのかによって、入って来る量が違います。入って来る量の大きさでドル買い、他の通貨売りで通貨需要が決まるのですね。決まるのが今年の一月から三月。一月から三月の間に、今年一年の米ドルの水準が決まって来るのではないかと思っています。それによっては一二五円まで行くと。

浅井　今回、金利が上がったので新興国で弱かったところが大変ですね。特にマレーシアとか。

森山　トルコが一番大変ですね。

浅井　リーマン・ショック後、一時ブラジルレアルやトルコリラなんてバブルになっていましたね。それが今、相当やられて。さらに追い打ちをかけられていますから、新興国の弱いところは飛んじゃうところがいくつか出て来るんじゃないですかね。

森山　一説によると新興国を助けるためにドル高をある程度抑えると。

浅井　これ以上、ドル高が進んだらまずいですものね。

関　ドル買いが起きるということは、新興国からすると資金が流出してしまう。

森山　法人利益を留保するのは、新興国ではなく以前から進出して成功を収めてきた先進国がほとんどで、ヨーロッパでもダブリンとかオランダ領アンティール島というような、むちゃくちゃ税金の低いところにわざわざ持ち株会社の本社を作っているわけです。本来はフランスやドイツやイタリアなどで納めなければならない法人税を、ダブリンに持ち株会社を持っていてそれらの国々でほんのこれっぽっちしか納めない。だから「我々がとるべき税金だ」と言ってヨーロッパの各国がアメリカ企業を狙い撃ちにしているのです。アメリカ企業は、「我々はアメリカの企業なのでアメリカに貢献したい。だからヨーロッパに申し訳ないけれども、我々は法律の範囲の中でアメリカに戻します。アメリカで税金を払わせてもらいます」。そういった大義名分のもとにヨーロッパの政府には支払わずアメリカへ持ち帰るのです。

浅井　ヨーロッパはきつくなりますね。

森山　ユーロ売りは出て来ると思います。

関　しかも、ドル高圧力は結構なものになりそうですね。規模にもよるのでしょうけど。

森山　ただ、先ほどのレパトリ減税が時限立法なのかどうかなんですよ。レーガノミクスでは時限立法でしたから。

浅井　でも、短期的には相当、米ドル高、円安になるでしょうね。やっぱり一二五円とか。

森山　一年間だけと決めるのであれば、ですね。

関　確かにドル高になりますよね。

森山　要因にはなりますね。ただ、他に通常減税もやろうとしているわけですよ。今、ヨーロッパの各国の法人税は二〇％を切っています。今、アメリカの法人税は二二～二五％くらいでしょう。それを二〇％切るとなると……。たとえば、海外にプールされているお金の五割戻すのか三割戻すのか八割戻すのかという違いです。大した規模でなければ三割くらい。結構な規模でしたら五割以上戻す。そうなったら、かなりドル買い需要が発生します。

浅井　トランプ当選確定後、為替は円から見て大分円安、米ドル高になりました。株もほんとに上がりましたよね。当選の日に一時九〇〇〇円くらい下がりましたが、その次の日に一〇〇〇円以上戻して、今は二万円目前です。日本の株価はバブル崩壊後、いったんは二万円まで回復しましたね。

早川　何度か回復しており、直近では二〇一五年一二月一日に二万一二円を付けています。

浅井　NYダウは一瞬でも二万ドル行きましたか？（実際、二〇一七年一月二五日にNYダウは二万ドルに到達した）。

関　行ってないですね。今が史上最高値なのですね。

浅井　少なくとも今のところは日米株も良いし、円安にもなっているし。ただ、金利は大分上がりましたよね。

私ね、カギ足チャートの専門家の川上明さん（第三章コラム参照）の長期予想をずっと見ています。彼はある程度、トレンド全般と株価の大きな流れは当てているのですけど、昨年二〇一六年の夏か秋頃、日本株の調子が悪かった時「川上さん、これはこのまま下に行くのではないですか？」と言ったら「いや、行かない」と言ったのです。「行くとしても一回上がってからドーンと下がるのはあるかもしれないけど、ここではむしろ上がるでしょう。それも、二万円近くまで」と言ったのです。何を言っているのだろうと思ったのですが、実際そうなった。

その彼が言うには、NYダウは超長期で見ると、もう天井近辺だろうという。ただし、トランプがなにかやれば行き過ぎて二万四〇〇〇ドルまで行くこともありうると。そして、日本の株ももうちょっと行き過ぎて上がる可能性もあると。今、一万九〇〇〇円ちょっとですから、そこから二万四〇〇〇円はあるかもしれないと。そうすると今度、低位小型株とかが動いて来るのです。そうなると、一種のミニバブルが起こるのかなと。

■不動産王トランプの本領発揮？

浅井　不動産は何かトランプの影響を受けそうですか？　どうですか、日本の、特に東京の不動産は？

林　今は停滞していますよね。階段、というより踊り場といった感じです。

その踊り場の先に上へ行くのか行かないのか。私は行くと思っているのですが。

浅井　アメリカの不動産は何か影響を受けるのではないですか？　トランプ自体が不動産王でしょう。だから、アメリカの不動産バブル再来を指摘する声もあります。林先生、不動産の専門家として、何か情報ありますか？

林　ラグジュアリーな物件は軒並み下がっているとか。しかも、下げても売れないと。中国の爆買いもなくなりましたし。でも、そうじゃないスタンダードのものは結構良いのではないでしょうか。悪いという話はあまり聞きません。

浅井　トランプは、アメリカの公共投資も結構やるのではないかという話が出ていますね。

関　「アメリカのインフラはひどい、世界で最低だ」と言っていますね。インフラ整備はやる気だと思いますね。

林　トランプは不動産出身だから、逆に直接的な不動産に対する政策は良くも悪くもしないのではないかと私は思います。政策的に距離を置く。ただし、インフラを強化することによって間接的にバリューアップを図るというのはあると思います。
早川　大統領になると自分のビジネスはやってはいけない。
浅井　それはそうでしょうね。では、具体的にインフラとは？
林　橋ですね。ニューヨークの。
浅井　橋ね。落ちそうですよね。
関　港湾。道路。
浅井　やっぱり道路ね。ひどいですものね。ニューヨークも。
森山　地下のライフライン。これがもう、ネズミだらけですよね。
浅井　あと、新幹線というか高速鉄道。
林　高速鉄道は効率の問題ですね。
浅井　そうなると、財政赤字の問題が出てきますね。アメリカも財政はそんなによくないですよね。無視して突っ走りますかね？
森山　アメリカは社会保障費の負担が日本より少ないですからね。
浅井　日本に比べればまだいいと。

関　試算にもよりますが、トランプの言っている政策がすべて実行されたとして、今後一〇年間で最大五兆ドルの財政赤字が増えるという話もあります。五兆ドルですよ、六〇〇兆円ですよ。リーマン・ショックの時には中国も財政出動しましたけど、トランプはそれ以上のことをやろうとしているのですよ。

森山　まあ、それはアドバルーンですから、実際には帳簿を見ながらやると思うのです。アドバルーンを大きく上げて、賛否両論の中で落としどころを探って行く。

浅井　ただ、ひょっとしたら安倍首相と一緒で後先考えずにある程度やるかもしれない。人気取りのために。あとは知らんと。一期四年で辞めるから、あとの人にツケを回す。安倍首相もそうなんだけど、〝あとは野となれ山となれ作戦〟かもしれない。

早川　「後世つけ回し」とも。

浅井　そう、後世つけ回し。その可能性はある。

森山　米軍の海外における軍事費は削減する。どこまでやるかわかりませんが。

浅井　日本には相当要求して来るでしょうね。

森山　安倍政権もある程度、要求してもらった方がいいのかもしれませんね。ギブアンドテイクの関係じゃないですか。

浅井　結局、世界の指導者の中で誰が一番、トランプ大統領登場にビビったのでしょうね。安倍首相はどう思っているのでしょうか？

関　そもそも外務省は、九割方ヒラリーだと思っていたというではないですか。だから、トランプに会いにニューヨークに行った時に贈ったゴルフクラブも外務省の人が慌てて買いに行った中国の会社のゴルフクラブなのですよね。もともと日本の会社だったのですが香港に買収されたそうで。ネットの記事によると、トランプに対して「アメリカが何かしたら、日中で組みますよ」というメッセージになっているとか。

浅井　ということは、アメリカが日本を見離したら、中国につきますよと？

関　中国と一緒に組みますよと。

浅井　それはないでしょう。あり得ない。安倍首相は大の中国嫌いだし、習近平は……やっぱりあり得ない！

関　まあそれは単なる冗談として、日本側がトランプ当選で焦っていたのは事実らしいです。

森山　それが、日本の外交力なのですよ。

浅井　逆に一番喜んだのはプーチン大統領。これは間違いない。プーチン、運が強いな。

関　北方領土問題だってプーチンは、トランプに決まったらいきなり態度が硬化した。

浅井　安倍首相はちょっと焦ったというか。日本の外務省も含めて、対米関係をどうすべきか考え直す必要がある。対トランプ関係だけどね。

■上がる銘柄はこれだ！

浅井　話を戻して、今後日本の株・不動産はどうなるだろうかということですが、トランプ相場において資産を守って、その上殖やして行くにはどこに目を付けていけばいいでしょうか。

早川　私は首尾一貫してるのですけど、日本のマーケットよりもアメリカです。アメリカドルに集中する。一番、長期的に見ても効率的だと思います。

浅井　ただ、チャート専門家の川上さんはＮＹダウはもう天井近辺だと言っていますね。

早川　全体の話ではなく、これは個別株の話です。私は最近ずっと首尾一転してるのですけど、要はフィンテック、ＡＩ（人工知能）、ビッグデータ、クラウドコンピューティング、この辺のマーケットがアマゾンを筆頭に寡占化してきています。

浅井　アマゾンね。

早川　アマゾン、グーグル、マイクロソフト、ＩＢＭもすごくいいと思います。結果を出しています。ＩＢＭのワトソンっていう人工知能があるじゃないですか。あれに従業員一万人つぎ込んで、あまりにも特化し過ぎて会社的にも大丈夫かと言われていましたけれど、そこがゲノム解析で結果を出しつつあるのです。「ヒトゲノム」は、一九九一年にから解読作業が始まって一三年かかって二〇〇三年に解析、解決できました。ワンビリオンつまり日本円で一〇〇〇億円かかっているのですよ。その解析が今は一日かからないのです。数万円でできます。それだけ圧倒的なコンピューティングパワーがある。ビッグデータと圧倒的なローコストのコンピュータパワーがあるのです。たとえば、これは私のiPhone6なのですけど、このiPhone6って一九八五年のトップレベルの性能のスーパーコンピュータである「クレイ2」の六倍の性能があるのです。

浅井　「クレイ2」ですか。ほんの三〇年前のスーパーコンピュータを今みんなが持っているってことですね。

早川　ええ。「クレイ2」六台分がここにあるってことです。

浅井　かぁー。

早川　圧倒的にローコストで、かつアマゾンは今AWS（アマゾン・ウェブ・

サービス）というサービスで利益の四分の三を出しています。何が起こっているかというと、そこにビッグデータ、ありとあらゆるものが集まって、安いコンピューティングパワーですべての情報を管理できている。一方で、ＩＢＭはワトソンに集中している。ワトソンって、アメリカのクイズ王を倒したのです。つまり、データを処理することはＡＩやアルゴリズムは得意だと言われているのですが、自然言語を処理するのは難しいと言われていました。しかし、ワトソンはこれももう解決し始めている。ヒトゲノムの情報を解析する中で、特殊なガンとかそういうものに対する解析ができている。

浅井　早川さんが言いたいことは、個人的に資産を殖やしたい場合はアメリカのＡＩ・フィンテック関連が一番いいと。

早川　アマゾン、グーグル、ＩＢＭ、マイクロソフト、この四社です。

浅井　この四社の中で一番いいのは？

早川　今、競争してますね。トップのシステム開発者を引きぬいて。ただ、ここにきて頭一つ抜け出した感があるのは、やはりアマゾンです。

浅井　じゃあ　四社に平均的に分散しましょう。

早川　他にプラスすると、薬品会社、つまりデュポン、バイエル、ノバルティス、ロシュ、これらを入れて欲しい。なぜかと言いますと……。

浅井　デュポンってアメリカ、ロシュ・ノバルティスはスイスですね。

森山　はい。

浅井　ノバルティスは……アメリカでの違法マーケティングや臨床研究での不正事件を起こしてますよ。

早川　ええ、でも世界第二位の薬品会社です。なんでこの薬品株をいきなり勧めるかと言いますと、フィンテックに「ブロックチェーン」という技術がカギなのです。このブロックチェーンを理解しないといけません。インターネットの黎明期と同じような感じです。これによって世の中が変わるという……。ブロックチェーンと同じ、またはそれ以上のものがゲノム解析の中の「クリスパーキャス９」です。これは、ゲノム解析のツールとして革命的な技術なのです。現在の遺伝子組み換えって非常にアナログで、何万回も試行錯誤しないといけません。デジタルでこの技術を使えば、非常に成功率が高くなります。

浅井　シュミレーションできるってこと？　コンピューターの中で？

早川　そうです。簡単に言うと、DNAを構成するアデニン（A）・チミン（T）・グアニン（G）・シトシン（C）の四つの塩基の配列の中で三個の部分が違うだけで病気が発生するということがゲノム解析でわかってしまう。その病気になる部分を組み替えることができる技術なのです。もうノーベル賞もほぼ決まってますね。ダウドナ（ジェニファー・ダウドナ。カリフォルニア大学バークレー校教授。アメリカ人）さんとシャルパンティエ（エマニュエル・シャルパンティエ。スウェーデンのウメオ大学教授。フランス出身）さんという二人の女性。このゲノム編集技術を開発したのが二〇一二年ですからわずか四年前なのですよ。すごいスピードで変化が起こっています。

浅井　日本は蚊帳の外？

早川　まあ。でも、知ってはいるのですよ。IPS細胞の山中さんとか……。

浅井　知っていても蚊帳の外じゃ意味ないよね。

今後有望と思われる投資銘柄

ＩＴ企業

- アマゾン
- グーグル
- マイクロソフト
- IBM

製薬会社

- デュポン
- ロシュ
- ノバルティス
- バイエル

早川　ええ。ハーバード大とＭＩＴ（マサチューセッツ工科大学）が共同出資しているブロード研究所というところがありまして、ここにアメリカのグーグルベンチャーズやマイクロソフトのビルゲイツが一〇〇〇億円も投資しました。グーグルベンチャーズの四割は、医療関係全般に投資しています。ここのトップが中国人のフェンチャンさんというのですが、クリスパーキャス9の特許を申請しています。実は半年前に学会で発表したのがダウドナさんとシャルパンティエさんでして、ここで特許を競っています。この二人はカリフォルニア大学バークレー校ですから、カリフォルニア大学バークレー校対ハーバード、ＭＩＴの戦いです。ただ、いずれにしてもゆくゆくは特許技術を使ってバイエル、デュポン、ノバルティス、ロシュにお金が入ってきます。

浅井　こっちも四社、ＩＴ関係も四社、その八社に集中投資？

早川　それだけで私は三年から五年くらいたったら間違いなく……。

浅井　何倍になる？　三倍にはなる？

早川　私はもっと行くと思います。

浅井　五倍から一〇倍と考えてもいい？
早川　期間によりますけどね。五年たったら三倍から五倍くらいになっていても驚きません。事実、アップルはｉＰｏｄやｉＰｈｏｎｅを出してから一〇年で株価は二〇倍以上になっています。
浅井　投資は米ドル建てだよね？
早川　米ドル建てです。
浅井　円安になれば、さらに円ベースでは儲かるわけで、すごいよね。トランプは最先端技術については詳しいですか？　誰かブリーフィングすれば彼は理解できる？　それとも単なるおっさんですか？　今いくつでしたっけ？
早川　七〇歳ですね。
森山　基本、商売人ですからね。匂いをかぐセンスはあるかもね。
浅井　じゃあ、わかるね。だけどアメリカってやっぱりすごいね。馬鹿なことをいう人がいて、米ドルは紙キレになるとかアメリカはダメになると。私は絶対そんなことないと思うのですが。中国はモノマネがうまいけど、まだそういう最先端は無理だね。思想統制もしてるからよけいダメなんだ。

早川　でも今、真似っこしているのですよ。

浅井　真似できるかな？

早川　いや、遺伝子のデザイナーベビーができちゃうのです。アナログじゃなくて完全にできちゃうのです。それを去年、チャレンジしちゃって。

浅井　どこが？

早川　中国です。そのクリスパーキャス９を使って。そうすると、遺伝子組み換えで身長が二メートル、ＩＱ二〇〇で容姿端麗というヒトを作ることができちゃう。

浅井　それは人を救うと同時に軍事技術になりますね。

早川　そう。だから中国が必死に研究し始めたわけです。

浅井　もう二〇世紀のＳＦの世界だよね。

早川　アメリカの学会で、このクリスパーキャス９を使った遺伝子組み換えは倫理的に制限しましょうということになったとのことです。

浅井　中国はそんなこと、守らないでしょうね。

早川　関係なくやっちゃうでしょう。良い方向の目的、たとえば遺伝によってガンになる人の遺伝子を変えましょう、などというものでしたら良いのですが。

浅井　明るい面と暗黒面と、まるでスターウォーズの世界だな。

早川　そうなのです。その通りです。

浅井　ダースベイダーが出てきてしまう(笑)。つまり、アメリカのそういった一番最先端の会社に、米ドル建てで投資しろということですね。

早川　ただ投資してまずは三年～五年、様子を見る。その間にマーケット全体は当然、調整があるでしょう。二〇〇八年からもう八年、上昇が続いていますよね。

浅井　リーマン・ショックのあとからね。

早川　景気が拡大していて、株価の上昇が続いています。これが、いつまで続くのかと。金利を上げるとエクイティ（株式）の方からボンド（債券）の方に資金が移ります。株価は全体的に下がります。こういった超優良株も株価インデックスよりはアウトパフォーム（上回る）するけど当然価格調整はあると思います。

■世界の不動産事情はこう変わる

浅井　林先生、不動産に関してはわかりませんか？

林　日本の不動産は。トランプでどう影響が出るか……。リーマン・ショック以降も世界的に不動産投資が流行っていますよね。新興国と言いますか、マレーシアとか。マレーシアは難しくなりました。低迷しています。もうちょっと開発途上国で、私はこの間モンゴルに行って買い付けしてきたのですけどね。

浅井　モンゴル、どういう状況ですか。経済全体はひどいでしょ？

林　悪いです。

浅井　下手すると経済破綻しますね。

林　破綻する――それもいいんじゃないですか。

浅井　逆にね。でも、本当に時期的に今ですか？　もうちょっとあとの方がいいような気がしますが。

林　ずーっと買っていればいい。

浅井　平均単価を下げて。

林　友人と五つほど買いました。

浅井　何を買ったのですか？

林　マンションです。コンドミニアムを。土地は買えません。

浅井　それはウランバートル？

林　ウランバートルの中心街です。日本でいうと国会議事堂と霞が関と銀座四丁目、これを三角に結んだ真ん中くらいのところです。みんな古いマンションなのですよ。大体、一平米一〇〇〇ドル前後。ですから、日本円で坪三〇万円でいうと一件五〇〇万円くらい。

浅井　高くないね。

森山　モンゴルの通貨は何ですか？

林　トゥグルク。

関　為替は下がっていますよね？

森山　そう。為替の問題がどうなるか。

林　そうなんです。海外不動産投資は少し為替が問題なのです。私の周りで最近目立ってきたのは、アメリカと言い始めた人が増えたことです。

浅井　やはり、アメリカね。

林　私もマイアミを三年前に買っています。

浅井　先ほど述べたように、私は日本の外貨預金で為替を替えただけ、円からドルに替えただけですが利益が出ました。もし、トランプ当選の直前でアメリカの不動産を買っていたら、それが価格の変動をしなくとも、円から見たら十何％も上がったことになるわけです。為替の変動だけで。

林　そうですね。実際はポートフォリオとしての海外不動産は一部ですよ。新興国とか開発途上国は振れ幅があるのですよ。政治的都合などいろいろな都合で物事を決められます。一方でアメリカは社会的な法的体系のインフラ、これが絶対的に安定していることが選択の大きい理由ですね。

浅井　アメリカの不動産は中国なんかと違って、日本人でも所有できますからね。

林　そうです。基本的に日本と同じです。アメリカの中の発展途上エリアが狙い目です。

浅井　テキサスはいいでしょ。

林　オースチン、いいですね。真ん中でいえばテキサス、東の方に行ってマイアミ。西はロサンゼルスとか。サンフランシスコは今や頂上ですが。

浅井　頂上！

林　頂上と言っても短期の話で、上がったり下がったりすることに惑わされないことです。ロサンゼルスは長期投資向きです。五年、一〇年ずっと持つ。だから頂上で買ってドーンと落ちたとしても、持っていればいずれもっと上がる。投資は、そういった長短組み合わせの世界でしょう。そういう意味で、やっぱりアメリカだなと思います。トランプに関係なく。それでトランプが

「アメリカファースト」と言うので、さらに良くなるかもしれません。

浅井　ハワイはどうですか？

林　あいかわらず日本人に人気で、これも頂上に近いと言われていますが。言われ続けていても上がる。

森山　本当、下がらないですよね。

浅井　下がらない。

林　ハワイは特殊ですね。

早川　ハワイに銀行口座を日本人は開設できるのですか？

浅井　日本人、開設できますよ。

林　ハワイの口座は、日本人として一個くらい持っていても良い。

浅井　ハワイって時差五時間ですね。飛行機でも行きは早いから六時間ちょっとで行くんですね。帰りは偏西風があるから八時間かかるけど。ハワイもいいですね。

林　ハワイは、アメリカ本土に行った帰りに一泊して、時差調整して帰って来るのに良い。

浅井　ニュージーランドより時差が一時間長い。ニュージーランドは時差が普段三時間、夏は四時間なんですよ。私は毎年ニュージーランドは視察していますが、これからはハワイも時折視察してみよう。

冗談ですけど、中国は裏でアメリカとこう話している「五〇年後はハワイで分けよう。ハワイから東はアメリカのもの。ハワイから西は中国のもの」と。ハワイはギリギリアメリカだから良いですね。その時、日本はどうなってるのですかね？　中国のものになっているか。財政危機で破綻しているのか。

林　スペインとポルトガルが昔、ローマ法王の下で分けたみたいに。

浅井　へえ、ローマ法王が言ったのですか。

林　「お前は東に回れ。おまえは西に回れ」とね。

浅井　そうか、そうか。

林　その発想はあるかもしれませんね。中国には。

関　ヒラリーが国務長官の時に中国高官がヒラリーに向かって「ハワイの領

有権も主張できる」と言ったのですよね。ヒラリーが激昂して、「やれるものならやってみなさい」とキレたという話。

浅井　中国はね、今の「遼寧」という空母は元々ロシア製で、その後ウクライナの所有になって、そのウクライナから値切り倒して買ったボロ空母で大した代物ではないけれど、一〇年経ったらアメリカも勝てないくらいの軍事力を持ちますよね。

林　北京に「沖縄を中国領土にする」という会議があると言いますね。

浅井　「中華民族琉球特別自治区準備委員会」というのがありますね。

林　実際に公的機関で研究している。

浅井　中国はそう考える国。ただね、不思議なのは、中国って歴史的にあまり海外侵略していないですよね。せいぜいベトナム。結構、平和な国なんだよね。

林　元の時代は？

浅井　元は中国ではないから。モンゴルですから。その昔、「八〇〇年周期説」の村山節先生に言われたのですが、中華民族は今は共産党で習近平だけど、五〇年後に民主革命が起きて変わった場合、違う国家になっていると。

林　中国はバラバラになるでしょうね。

■日本の不動産はどうなるのか

浅井　話を元に戻すと、アメリカの不動産は林先生から見て買いでいいですね？　分散する中の一つとして。

林　そう思います。それとももう一つ、世界中で不動産が上がっていないのは、日本だけだって言いますね。

浅井　でも、東京は上がっているんじゃないですか？

林　この二〇年間は上がらずに、最近の三、四年だけ東京だけ上がっているとね。

浅井　じゃあ、日本全体はどうですか？

林　日本全体では人口減少ですから当然厳しいです。その中でやはり、東京だけでしょ。

浅井　ただ、それもすでに大分上がっちゃいましたよね。二倍以上になりましたよね。

林　でも、まだ上がるんじゃないですか。上がるというより東京は世界的なレベルから見て、まだ低いんじゃないですか。

浅井　私もそう思いますね。裁定取引でいえば、香港は大分下がり始めて、シンガポールも下がり始めてますよね。特に香港は異常ですよね。だから向こうを売って東京を買えと。

林　不動産の見方をする時は、上がったり下がったりの短期トレンドと、それから長期トレンドと必ず二つに分けてみないと間違えます。

浅井　林先生は、昔から日本の地方はダメで東京は買いだって言っていましたよね。

林　そうなんですよ。

浅井　それ今でも同じですか？　東京は買いですか？

林　買うとしたらね。地方なんか、全然ダメですよ。

浅井　それでは東京で買うんだったら、何がいいですか？　どんなところですか？

林　港区。居住系なら港区です。

浅井　港区っていうと、白金台とか六本木とかですか。

林　白金いいですよ。私が住んでいるから。

一同　(笑)

林　冗談はさておき、なぜ港区かと言うと、言い訳がいらないからです。港区に投資しているって言ったら、たとえば船橋とか、練馬とかでしたら、「駅前」だとか「駅から五分」とか、言い訳しますよね？　港区はその必要がないわけです。無条件に良い土地ですから。それから事業系ですと東京と品川の間七～八キロメートルの中。もう、ここだけです。

浅井　居住系では成城や田園調布もいいですよね。

林　成城や田園調布は居住系ではピンポイントでいいかもしれないです。事業系の話では……。事業系の話でちょっと面白い話がありまして。今、私の浜松町のビルを売り出していまして。

浅井　売りに出したの？　林先生、東京も上がらないと思っているんじゃないですか⁉

林　いや、もうずいぶん上がりましたから、次の動きのためにですよ。面白い話と言うのは、私のビルを売りに出すという時に、ある人に預けましたら大林組に持って行ったのですよ。大林組と日本生命は、私のビルの目の前の浜松町を大開発していますから。あそこは四ヘクタールくらい開発しています。そうしたら、「（林のビルは）いらないよ」って話になったそうで。そういえば、という話で思い出したのですが、私は大林組に依頼されて一九八〇年代に今開発しているエリアの周辺の二、三本の中古のビルを大林組に収めたのです。一九八〇年代の話ですよ。工事をしているのは今、二〇一六年です。三〇年前ですよ。三〇年前に大林組は浜松町一帯が再開発されることを知っていたということですよね。実際、大林組は目の前の今のB街区って言うのですけど、B街区の貿易センターの建て替えをしています。

浅井　そうですよね。

林　大林組と日本生命がデベロッパー（開発業者）で。もちろん建築も大林組でしょ。仕事を取っているわけです。ということは、上の方のつながりでもう決まっていて、それを買っていたと。

浅井　あと、先生が言っていたので結構面白かったのは、東京直下型（地震）が来た場合、ダメなビルは潰れてしまい、良いビルは残るから、良いビルはすごく需要が高まると。仙台なんかもそうでしたよね。

林　そうそう。

浅井　だから、地盤が良くて構造・建築が良いビルは買っておいていいということですね。

林　それも言えますが、お金に余裕があったら、更地《さらち》を持っているのが一番良いです。

浅井　更地ですか！

林　更地が一番いいんですよ。ドカン！　と来たら、すぐに建てられます。それから、もう一つはですね。ちょっとあんまり大きな声じゃ言えないし、本には書けないけども、旧耐震構造の壊れそうなビルを買っておく。壊れても自分のせいじゃないですからね。

浅井　いいんですよ。書きましょうよ。

林　テナントに対する立ち退き料はいらないのです。

一同　（笑）

林　話をビルに戻しますと、事業用のビルの空室率は現在四～五％くらいですから、九五％の占有率です。地震後は入居率に対して六五％しか供給がないので、三〇％分がオフィス難民となってしまう。

浅井　地震はともかく、トランプ大統領によって日本の不動産が上がる理由って何かありませんかね。

林　トランプによって日本の安全保障や財政は厳しくなる可能性高いですよね。そういう時、不動産の値上がりは、簡単なのですよ、金融政策の〝蛇口〟

なのです。だから景気がよかろうと悪かろうと、金融政策を緩和させれば不動産は上がる。不動産が上がると、日本は七割持家だから、含み資産が良くなるでしょ？　そうすると気持ちが良くなってお金を使う。そういう効果があります。それを憲法改正、国民投票の適当な時期にやる。そこをにらんで今の投資を考える。もしトランプによって米軍が引き揚げられた場合、そこの隙間を埋めるために軍事力を強化しなければなりません。すると安倍首相は、憲法改正を狙います。憲法改正を狙うのでしたら国民の懐を豊かにしないと五〇％の国民投票を取れませんから、何をするかと言うと、この蛇口を緩める、つまり不動産を緩めます。そうすると、最後の半年で不動産がギュンと上がった辺りで国民投票をすると、みんなウハウハですから票も集まる。

浅井　不動産はそこで売り逃げですね。

林　売り逃げる、ということまで書いちゃうと上がらなくなっちゃいますから。上がってずっと行く、とか書かないと。

浅井　大丈夫ですよ。そんなに影響力ないですから（笑）

一同　(笑)

森山　話は戻りますが、浜松町のビルは数年前に取得されたのではないのですか。

林　一四年前に買って、その時に比べて今、売りに出して三・六倍くらいですね。

浅井　その場合、税金はどのくらい払うのですか?

林　過去の古い会社を一生懸命集めて、死んだ会社まで生き返らせて、累損を計上します。それでも億単位では払わなければなりません。

浅井　さすがですね。

早川　死んだ会社を生き返らせることができるなんて。知りませんでした。

林　登記も抹消してしまっていたのですが、気付いて登記を生かしたら大丈夫だって。青色申告も行ったら、それも生きると。

浅井　ほー。

林　ゾンビ状態にしておくとこういう時、生かせるのですね。それでいて、貸し倒れ債権は落とせるから。本当に清算してしまうとダメですよ。

浅井　じゃあ、トランプが税金をほとんど払っていないというのは……。

林　同じやり方です。

森山　休眠会社にするんですか？

林　休眠会社じゃないです。休眠会社だと損金落としができないのです。会社を抹消しちゃいます。財産を持っていると、生き返るのですよ。生かさないと財産処分ができないと。

浅井　誰もが使える手段ではないでしょうけどね。

■トランプバブルはいつまで続く？

浅井　それで、私は今の状態を「トランプバブル」と呼んでいますが、これはいつまで続きますかね。大体の予測で結構です。アメリカ大統領の任期は四年ですね。

林　二期はないですよね。

森山　同感です。私も二期はないと思う。

林　暗殺されるまで(笑)

浅井　トランプバブルはいつまで続きますか?

関　二年ぐらい続きそうです。

浅井　私もそう思っています。二年だと思います。そうすると、二〇一八年の六月辺りで早めに処理しなければなりませんね。バブルって、早く逃げなきゃダメじゃないですか。株も上がっている時に売らないと下がり始めたら売れません。心理的に、もう一回戻すのではないかと人間、思うのですよね。

一同　うーん。

浅井　ちょっと早めですね。人よりちょっと早めです。何でも。

森山　腹八分目。

林　昔のバブル時代に自分では八分目と思ったら、結局あの九〇年以降のバブル崩壊の時にハマっちゃいました。

一同　（笑）

浅井　じゃあ、腹六分目。「腹六分目損知らず」で行きましょう。ところで、関さんは二年と判断する材料は何ですか。

関　いや、なにか根拠が特別あるわけではないのです。とりあえずバブルは二年くらい続くと思わざるを得ないと言いますか……。下手したら二〇一七年中に弾ける可能性だってあります。

浅井　そうですよね。ありえますよね。

関　あり得ます。よくレーガン元大統領と比較されますけど、レーガノミクスも結局、最終的にドル高で蝕まれてしまって、協調介入しているわけじゃないですか。長期的にうまくは行かないなと、正直思ってしまいます。

林　最終的にはよくわからないのです。不確実というじゃないですか。不確実な状態の時に何をしたら良いのか。わからないから、わかろうとして何かやると外れたりする。

浅井　ちなみに今年は酉年ですね。相場の格言で酉年は……。

森山　「申酉騒いで戌笑う」。戌はハッピーエンドなのですよ。申と酉は騒がしい。

浅井　戌年か……。じゃあ二年後はいいと。やはり、二年後に笑うようになっているのかも。

森山　前半に逃げるという作戦でしたね。

浅井　正しいかもしれない。

林　株の予測がなかなか難しい時に取るポジション、というのを考えたらいいんじゃないですか。政治でも経済でも。トランプはわからないのですから。

浅井　少なくとも今言われている話では、トランプはビジネスマンで不動産王で、見通しが甘い場合もかつてはあって、何回か破産しているけどうまく乗り越えてきた、大衆の心理を掴むのがうまい男というところでしょうか。

林　彼が破産しているというのは、全財産がなくなったわけじゃないですよね。

森山　カジノです。

林　いくつかの会社で破産というよりは、切り捨てているんですよね、部分的に。我々が普通に言う破産というのは、全財産を失うことじゃないですか？彼の場合はそうじゃない。

浅井　部分的に？

林　切り捨てて破産させちゃう。一方で、こちらは生かす。また何かあると、部分的にトカゲのしっぽを切りながら自分は生き延びる。そういうことだと思うのです。

浅井　なかなか巧妙な……。

林　戦争でいえば、送り込んだ別動隊は全滅させちゃっても本体は活かすとか。

浅井　では、結構冷酷な人間ですね。

林　戦争で言えば、ですね。

浅井　だけど、非情じゃないと勝てません。非情と言うのは、情け容赦ないということで。顔見ればわかりますよね。

林　だから破産されちゃった会社の債権者は、目も当てられないですよね。トランプ本人は変わらず生きているのですから。

関　ドイツ系移民ですよね？　トランプは。

浅井　顔はドイツ系ですね。

関　お父さん、おじいさんがすごかったのですよね。ドイツから来て、ゴールドラッシュの時にうまくやった。ゴールドラッシュって、金を掘りに行った人たちじゃなくて周りで商売やってた人の方が儲かったじゃないですか。そこで飲食店やホテルをやって財を成して、ニューヨークに不動産会社を立ち上げたのですよね。

林　だから合理的で、都合が悪くなっちゃったら切り捨てるという体質を持っています。

関　政治の世界でもそれは見え隠れしそうですよね。切り捨てられた人からしたら、「えー」って感じ。

浅井　安倍さんも気を付けないと。

日本はトランプ当選をマスコミはおろか官邸さえ予想していなかったため、その対応が後手に回っている。（写真提供：：AFP ＝時事）

林　そうそう。

浅井　新興国を切り捨てるのではないかなと思っています。そんなことないですかね？

関　どういうことですか？　経済的に？

浅井　アメリカが良ければ良いって考え方だから、新興国のいくつかが潰れたって……。

関　そういった意味では、政治的には同盟国がやきもきしています。

林　切り捨てられないようにしなきゃ。

浅井　だから、日本も難しいですね。外交、難しくなりましたね。私は日本の財政に注目しているわけですけど、やっぱり日本の財政危機はトランプ大統領就任で早まったかなと。安倍首相としてはもっとお金を使わざるを得ないし、防衛費も増やさざるを得ません。特に、アメリカに対する「思いやり予算」は少なくとも増えざるを得ないでしょう。

森山　口実が増えましたからね。ストップする口実ではなく、前に進む口実ですから。

浅井　そうですね。だから、日本の財政危機が二、三年早まったかなと。

森山　日銀がやっていることは、超異常ですからね。

浅井　もう無茶苦茶ですよね。普通から考えたらあり得ない話ですね。私が年末に出した法政大学の小黒先生との対談本の中ではっきり言っていますけど、このままの状況、つまり政治状況、安倍さんのような財政を金融でごまかす、国債でもＥＴＦでも日銀に何でも買わせる状況が続けば、将来、日銀が打つ手がなくなる時代が来るということです。一応、計算上は二〇三〇年まで持つと。しかし、いろいろと問い詰めて行ったら小黒先生は二〇二五年ぐらいが目途かなと仰いました。そして、それも早まる可能性が高いと。なぜかっていうと、そこには外的要因があると。アメリカの金利が上がったり、インフレになれば時期は早まると。今回、アメリカの金利上昇につられて日本の金利が上がったら、すごく怖いことです。今後さらに円安になったらインフレになります。だから、トランプの米大統領就任、そしてトランプバブルは、日本の財政危機を完璧に早めました。

アメリカは元々そうですけども、財政に関して日本のやっていることを冷ややかな目で見ているわけですよ。批判的な目で。おそらく日本が破綻した場合、特にトランプはそうだと思うのですけど、「お前らがやったことだろ。世界に迷惑かけるな」と見放すと思うのです。一番ありうるのは、IMF（国際通貨基金）が入ってきて、「多少の援助はするけれども、その代わり日本国内で何とか処理しろ」と通告すると思うのです。そうすると、日本としては財産税でチャラにするしかない。財産税をかけるには、戦後を見てもわかるように預金封鎖をせざるを得ない。しかも日本側にとっても好都合なのは、あ、私たち国民にとって好都合なのではないですよ、官僚や政治家にとって好都合なのは、IMFのせいにできるのです。官僚や政治家は「止めてくださいよ。そんなこと。国民が死ぬ目に遭いますから」とIMFを止める振りをするでしょう。でも内心は「へへへ」とほくそ笑む。「俺たちがやったんじゃない。IMFが入ってきてやったんだ」と責任転嫁できるわけです。

だから私は、今回トランプが当選したことは日本の財政にとって（というより日本国民にとって）は極めて不都合であると思っています。最後にトランプは日本を見捨てるだろうと。アメリカはどんどん今後金利を上げて行くという中で、二〇二五年以前に日本は破綻する可能性が出てきた、ということですね。その前兆は地銀にも表れていて、リーマン・ショックのあと、ヨーロッパは債務危機に見舞われたわけですが、その時に財政も悪くなって行く中でEUの各銀行が痛んでいきました。ギリシャやイタリアの国債を大量に保有していたベルギーの大手銀行デクシアは破綻しました。金融危機という状況に繋がって行ったのですね。国家と銀行の関係、あるいは国家と通貨、それから信用システム、金融システム、それらはすべて国家と運命共同体なのです。国家が管理していますしね。だからまず、日本は弱い銀行から死に始めるかなと思います。壊死し始める。で、最後は国家そのものが壊死してしまって、通貨が壊死します。

その第一段階が、今回のトランプ当選直後の金利上昇とそれに伴う一部地銀の動揺だと思います。金利が上がって、投資先の債券が大きく毀損してしまいました。日本国破産の最初の前兆がここに出てきたのかなと思います。だから、必ずしも円安は喜べないのですよ。このくらいの円安だったらまだいいです。これが五年後にはいくらになっていることか。

私は、安倍首相という人は運が強い人だと思っています。ですから、安倍さんが辞めた二〇二一年直後、オリンピック後の不景気と相まって大きな混乱がやって来て、二〇二二年くらいからいろいろなことが始まって、二〇二五年くらいにかなり大変なことになって、徳政令をやるのはその後二〇三〇年頃ではないかと見ています。その頃には信じられない円安になっており、二五〇〇円どころではなくて三六〇〇円を突破するような円安になっていてもおかしくないのです。その頃、中国も日本に触手を伸ばし始めます。弱った獲物を食っちゃおうかなと。アメリカはアメリカで日本の株の暴落を横目に一番美味しい企業は買っちゃうと。世界中が日本の美味しい企業を買いに走ります。で、日本は植民地、経済植民地みたいなことになってしまったら怖いなと私は危惧しているのです。

森山　トランプ経済は、日本の財政危機にも影響を与えるのですね。

■レーガンと比較されるトランプ

浅井　財政危機についてはそのくらいにしておいて、トランプの腕前、指導者としての能力、あるいはビジネスマンとしての能力はどうなのか。

森山　政治的な手腕というのは未知数ですね。しかし、未知数だからと言ってダメかというとそうではないです。というのは、俳優出身のレーガン元大統領がうまくやりましたよね。成功例があります。

浅井　レーガン、すごいですよね。

森山　やっぱり、レーガンを受け入れるような柔軟性がアメリカにはあります。日本と全然空気が違います。ですから、トランプは外交の経験もなければとんでも発言ばかりして外交音痴であると非難され、きっと失敗するだろうという見込み通りにはならないと私は思います。また、タカ派とか軍人とかというブレーンが多過ぎることは気になりますけども、やっぱり外交というのは相手あって、話し合っていくらという商売ですから、実際にはそんなにも無茶はしない。強面を装いながら相手の反応をとりあえず見ています。トランプは今は実力は未知数だけれども、着々と実績を上げて行くタイプかなと私は思います。

浅井　ある意味、制服組の方が現場を知っているし、戦争の悲惨さを知っているので、戦争をおいそれとはやりたがらないですよ。だから、戦前の日本陸軍というのは本当の軍人じゃないのですよ。本物のプロの軍人というのは、勝てない戦争はしませんから、絶対に。あの人たちは軍人ではなく狂信者。一種の悪しき宗教に近い。だから、皆軍人というとなんか軍国主義とか極右みたいに聞こえますが、逆に本当の軍人はそうじゃない。

森山　危機管理能力は抜群だと思いますね。

関　マティスさんは相当、評価が高いですよ。特に保守系のウォールストリートジャーナルとかワシントンポストなどは、あの人が入ったことでむしろ良くなるのではないかと。

浅井　みんな、軍人ということで怖がるけど、良い面が出て来る可能性があると私も思っています。そういう意味では今、関さんが言った通り、彼が本当にまともだったら、危機管理能力は相当高い。経済に話を戻しますと、財務長官は……。

森山　ムニューチンです。

関　ゴールドマンサックス出身。

浅井　ゴールドマンのあと、ヘッジファンドを立ち上げて、ハリウッド映画「アバター」の資金調達なんかをやったり、破綻した住宅金融会社インディマックの再生で大儲けしたり、かなりのすご腕ですね。

森山　典型的なユダヤ系ですね。

早川　ゴールドマン出身は三人くらいいますね。

関　そうですね。ユダヤ人、結構います。

浅井　エネルギー庁長官がリック・ペリー。

森山　国務長官はエクソン・モービルの会長、ティラーソンです。ロシアンマフィアとうまくやっていた人です。

関　独裁者と付き合ってビジネスやっていた人ですよね。

浅井　ビジネスマン政権ですね。

関　語弊があるかもしれないけれども、わかりやすく言うと、軍人とビジネスマンで占められているような政権と言っても過言ではないかと。

浅井　なるほど。

森山　政治のエリートというのは少ないですよね。

浅井　逆に面白いですね。ただ、それが良い方に出るか悪い方に出るか。まさにトランプゲームですね。まだ先の見えないゲーム。ただカードはちょっと極端だと。カードの切り方が極端になっているけど、うまくいったらすごいし、そうじゃなかったら……。

関　先ほど森山さんがおっしゃったように、レーガンも共和党でソ連との冷戦を終了させたわけですよね。宥和から軍拡競争にして……。

浅井　ただ、レーガンが裏で言われているのは、彼はＣＩＡの報告を受けて「ソ連は潰せる」と確信した。で、アフガン戦争からの流れでチェルノブイリ原発事故の影響もあったのですが、原油価格を暴落させてソ連の財政を破綻させた。そしてベルリンの壁を崩壊させて。レーガンはそうやってソ連を追い詰めた。トランプは原油をある程度上げて、逆の方向に行くかもしれませんね。

森山　レーガンは、宇宙核競争をやったわけですよ。

浅井　そうですね。スターウォーズ構想ですね。

森山　それでソ連は宇宙核競争に負けた。資金の兵糧攻めで。

浅井　両方ですね。原油とスターウォーズですね。

森山　それと同じようなことを、次は中国にやろうとしているわけですね。

■トランプと中国の諜報対決

関　トランプは、中国に対して軍拡競争だったらアメリカが勝つと言いましたね。ただ、中国とソ連は違うじゃないですか？　今、米中は経済的に結びつきが大きいですし、ソ連みたいに一筋縄で行く単純な話はないですね。返り討ちに遭う可能性があるのではないですか。

浅井　ただ、中国も慌てたでしょうね。トランプが大統領になって。それと、本当に中国の諜報能力はすごいですからね。ただ、それでもトランプだけは読めない部分がありますね。

森山　中国はトランプへは献金もしてこなかったですしね。

浅井　そうですよね。

森山　ヒラリーの場合は、アーカンソー州知事時代からずっとやっています。

関　そうですね。

浅井　だから、やっぱり中国は慌てたでしょうね。

関　ただ、私の見ている限りの情報では、中国は真っ向勝負するらしいですね。経済でも通商でも。南シナ海では特に。台湾問題ですからね。

浅井　中国の「核心的利益」だからね。

森山　アメリカが中国に対して兵糧攻めができるかですね。

浅井　中国に対して兵糧攻めとは、たとえばどういう方法がありますか？

森山　意図的な外貨の流出でしょうね。今、銀聯カードが新規発行停止になりましたよね。

浅井　そうですよね。中国はおっしゃる通り今、資本流出が一番怖いわけですから、資本規制をかけていますよね。ですから、中に滞留したお金は国内の不動産と株に向かいますよね。懲りない面々ですから、あの人たちは。私はこれが弾けたら本当に怖いなと思っています。二度目のバブル崩壊となると、次はかなりのことが起きるのではないですか。

林　具体的な話で恐縮ですが、中国人が人民元で五億円分を外に出したいという話がある。なかなか出せませんが、たとえばソフトのライセンス、ミッキーマウスのライセンスとかあるじゃないですか、そういうライセンスを持っている会社を買うのです。

浅井　ライセンス会社を買う？　それOKなんですね？　M&Aだから。

林　そうそう。M&Aで買うのですよ。買うのだけども、本物で五億円の価値があったら、もったいないじゃないですか？　売る方は。向こうは五億円を外に出したいだけですから。そこで、ライセンスを持つ会社があればその会社を分社化して、くだらない売れないライセンスをくっつける。そこは一〇年とか二〇年の実績ある会社だから、M&Aできるわけですよ。実績がなきゃダメですから。それでくだらないライセンスでも価値あるよ～と。

森山　それは、オリンパス方式ですね。

林　その会社を私が全部セットして作ってあげるから、無事五億円出せたらそれに対していくら払うのかですね。手数料。

浅井　向こうは出したくてしょうがないのですね。合法的に。出せれば何でもいいのですね。

林　ソフトですからね。価値がわからないのですよ。そこが大切。物だとダメなのですよ。ハードだと評価が出てしまうから。

浅井　ただ、その会社を今度売る時、価値が下がったら彼らとして大分損ですよね？

林　いえいえ、元々そんなものタダなのですよ。会社の価値なんて関係ないです。ただし、五億円を増資するには過去に一〇年、二〇年やっている会社じゃなきゃダメなのですよ。

浅井　ただ、その実質的価値はあんまりないわけじゃないですか？

林　ないですよ。でもいいんです。その五億円は不動産ですよ。この会社に五億円増資して、不動産を買うのです。

浅井　そうですか。そういうことですね。

林　それで不動産が上がるというよりも、保全ですよ。

浅井　その会社どうなってもいいわけですね。

林　会社はどうでもいいです。

浅井　単なるトンネルですね。

林　そうです、そうです。

森山　人民元を他の通貨に替えるだけなのですね。

林　そうです、そうです。

浅井　ところで人民元、下がりましたね。米ドルが上がって人民元が下がった。

関　円安と一緒ですよね。

森山　世界のビットコインの九割が中国ですよね。

浅井　そうですね。中国、すごいですよね。他に保全方法がないから。

林　資産保全対策には必死ですね。

浅井　話を元に戻しましょう。今回のトランプ現象、と言いますかトランプバブルですが、トランプによる経済の流れの変化は中国にとってはどういう影響があるのが。関さん、いかがですか。

関　やっぱりドル高になって来ると、ちょっと怖いですよね。今、中国経済が失速気味でなかなか金利も上げづらい状況で、そうなるとどうしてもドル高元安になってしまいますし。

浅井　これ以上、元安になったら資金流出の面では大変ですよね。

関　一ドル＝七元は年内必ず突破しそうですけどね。

中国人投資家の投資先優先順位

米国 > 日本 > 中国

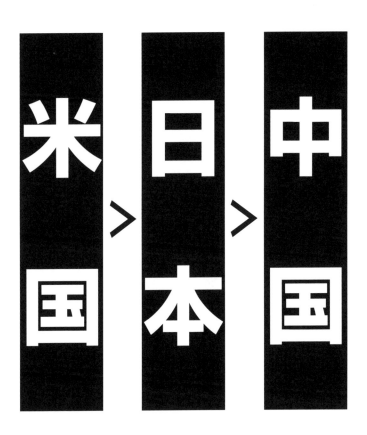

森山　投資についてはよくないのですけれども、元安は中国の製造業という面ではものすごく恩恵を受けています。

浅井　確かにそうですよね。

森山　やっぱり中国政府が一番恐れているのは、トランプノミクスでさらにお金が海外へ出て行くことですね。中国人も目端が利きますから。アメリカへの投資というのは、ものすごく出ていると思います。

浅井　アメリカに投資したいと。

森山　中国本土のお金がどんどん出て行きます。

浅井　それが一番怖いですね。大量出血ですもんね。

早川　中国人にとってはアメリカの方がいいのですかね？　日本よりは。

関　やはり、ドル高とか気にしていますからね。

浅井　ユーロには興味がないと。

森山　中国人からみた、中国の投資家から見た投資先の優先順位（一六三ページの図参照）です。

浅井　ひょっとして、日本から見ても同じじゃないですか。つまり、私は超長期で見ているのですけど、一五年とか二〇年で見たら絶対円安です。超長期で資産運用したいのであれば、ドル建てでアメリカの優良企業を買っておけば、多少の変動は目をつぶり、二〇年持っていたら最低でも五倍くらいになってい る。日本は財政破綻したら大変です。ぐちゃぐちゃになりますから。二〇二五年という目途は先ほどお話ししましたよね。

■トランプ銘柄の行方と今後の有望株

浅井　先ほど個別のアメリカ株の八銘柄が出ましたけど、森山さん、何かないですか？　今後トランプ相場の影響も含め、何に投資したらいいか。ヘッジファンドも含め、何でもいいですよ。

森山　いくつかあるのですけど。まずは、逆説的に中国の中間層を狙います。

浅井　中国の中間層を狙う？

森山　中国の中間層を代表する銘柄というのは、バイドゥとアリババとテンセント。これは日本でいう楽天とか、ヤフーとかに該当します。海外に、その国の中間層といわれる国民が全体のどのくらいを占めるかという割合のランキングがあるのですね。大体、普通は五〇％。全体から中間層を引くと一握りの金持ちと大多数の貧乏人なのです。ですから、その中間層の割合が大きければ大きいほど、国は安定しているのですよ。中間層の割合が五〇％のグループと四〇％、三〇％、二〇％のグループがあります。アメリカは二〇％のグループなのですよ。つまり、中間層が没落して貧乏人になってしまっているわけです。それが、今回のトランプの集票のポイントなのです。

浅井　そうですよね。

森山　イスラム、ヒスパニックやカラード（有色人種）でなくて、ホワイトが没落した。実は、ヨーロッパでも同じことが起こりつつあるのです。そういう中で、中間層がこれから伸びるのはアジアなのです。その中でも代表は、やっぱり中国です。好き嫌いは別にして。売上げの七〇％超えは中国本土です（典型的内需関連）から、人民元の高い安いも関係ないのです。アリババにしてもバイドゥにしてもそうです。ですから、私は中国の国内銘柄は買いだと思います。

浅井　下がった時にそういう銘柄を狙い打ちですね。

森山　また、アメリカですが、先ほどのこれは早川さんと似ているのですが、トリプルAと呼ばれるアメリカの社会インフラを変える三大企業、アマゾン、アップル、アルファベット（グーグルの持ち株会社）、この三社なのです。これらはアップル以外、全部上がっていて新高値なのです。トランプ相場の第一幕がそろそろ終わった時点で、です。私は、第一幕では終わらないと思っているのです。向こう二年間で第二幕、第三幕ぐらいまであるだろうと思っています。第一幕は、もうすぐ終わります。

浅井　じゃあ逆に、今は買っちゃダメってことですね。

森山　今は買わない方がいいです。

浅井　第一幕が終わって、ちょっと調整した段階で買いなさいと。

森山　第一幕はいつ頃くらいに終了するかというと、普通は一月二〇日の大統領就任からハネムーン期間が一〇〇日なんです。三ヵ月なんですね。そうすると四月の半ばなのですけど、おそらくその前に息切れすると思います。

浅井　じゃあ、この本が出るのが二月頭ですから、本が出てちょっと下がってきたら買えと。

森山　そういうことです。実際、二月一〇日前後に予定されている一般教書が発表されて、方針があらかた決まるのです。その時、おそらくトランプに入れた人のデモなどが出て来る可能性はあるかなと。

浅井　入れた人のね。何なんだと。言っていたことと違うじゃないかと。

森山　そうです。そうすると、いったん小休止。

浅井　メキシコに壁作らないんだと（笑）

森山　作らない。三五〇万人の難民、返さない。そういうことがどんどん出て来るのですよ。そういう中でいったん、暴落ではなくてフィーバーが冷めると。フィーバーが冷めて、本腰を入れてやる。まず「一丁目一番地」の法人減税。

次はインフラなのか、金融改革なのか、そこら辺を目指してトランプはやる。つまり景気のサイクルとは関係なく、国策で動くセクター群。それ以外ではGDPの過半を占める個人消費の基盤（インフラ）を変えて行く銘柄、ペイパルとかアップル、アリババなどです。これらは〝支払い改革〟なのですよ。インターネットによる消費革命だけじゃないんです。アリババでしたらアリペイってやつなのです。アマゾンもアップルも全部支払いのソフトを出してきているのです。この支払手段の革命が消費革命になる。

浅井　中国は今、電気自動車がいろいろ出てきたじゃないですか？

森山　ありますね。

浅井　何か、銘柄的にはないですか？

森山　中国には電気自動車のメーカーが約三〇〇社あります。世界で一番多いのですよ。私はテスラをお勧めします。

浅井　テスラはアメリカですよね。

森山　アメリカです。注目の南アフリカ出身の起業家イーロン・マスクがCE

O。

浅井　テスラは長期保有ですか？

森山　長期と言うかどうかわかりませんけれども、二〇一五年ラグジュアリーカーの売上伸び率Ｎｏ・１がテスラなんですよ。レクサスもジャガーもベンツもポルシエも、そういったもの全部押し退けて。

浅井　逆に、トヨタの株はどうですか？

森山　安定株です。安定企業なんです。

浅井　安定株でそんなに大きく動かない？

森山　儲かりません。安定企業だから持っていてもあんまり面白みはない。

浅井　トヨタはハイブリッドカーでは先行しましたが、今後は電気自動車を本格的に出して来るでしょう。自動運転ではちょっと出遅れていますね。トヨタは二〇年後もこのまま世界一で行くのか？　あるいはなくなっているのか？早川さん、トヨタは？

早川　私はネガティブです。

浅井　どのくらいネガティブですか？

早川　ビッグ四というか、上位には残っているでしょうけれども、全体が今森山さんが言われたようなテスラとか、新しいムーブメントに取って代わられる。だから、自動車メーカーじゃないところが出て来ると思います。

浅井　そうですよね。グーグルとか。自動運転なんか、そうですよね。下手するとトヨタなどは下請けになっちゃいますね。

森山　本当にその通りですね。

関　そもそも車は、よく言われるように、所有する時代ではなくてシェアする時代になるわけじゃないですか。

浅井　そしたら余計売れないじゃないですか。

関　フォルクスワーゲンとか、全部ダメだと思います。だから、フェラーリとか、そういった特殊な価値のあるものとかの方がいいです。

浅井　そういうのは特殊な趣味だからね。

森山　スペシャリティーカーですね。

浅井　トヨタ、大き過ぎますし……。戦艦大和みたいなものです。

森山　だから、生き残るとは思いますが、成長率はないということですね。昔の電力株みたいに。

浅井　ジワジワ落ちて行くみたいな。今後長い目で見て、トヨタは安定株だけど二倍、三倍には絶対なりません。むしろジワジワ落ちて最後、株価は今の六分の一、七分の一とか、そういう感じで見ていていいですかね。

森山　成長はないですね。あるいは正常なところを吸収して行ってある程度若さを保つというか、そういう戦略しかないですね。こういった大きなところは。

浅井　なるほどね。他にトランプ相場で注目すべき銘柄、そう、保全と言うより攻めの運用で誰かありませんか？

早川　最初に話が出ましたが、アメリカ国内の本当にインフラ投資、ハイテクじゃないところがハッピーになる可能性もありますね。橋梁、道路、港湾とか。

浅井　大林組と一緒に関空建設プロジェクトに参入したアメリカの会社フルーア・ダニエルとかあるじゃないですか。アメリカの土木をやる会社。そういうところはいいですね。

早川　そうですね。あと、一番最初に言いましたけど、私は二年もつかどうかわかりません。というか、もう今年一年間だと思っています。トランプ相場は。

浅井　二〇一七年中ね。

早川　その代わり、二年ぐらい低迷、調整したあと、最後もう一度選挙に向けて上がるようなイメージを持っています。

浅井　ただ、それよりトランプは二期やるつもりあると思いますか？

早川　それはわからないです。

浅井　私はやらないと思います。

森山　やらないでしょうね。

浅井　やらない。年ですし、一期だけやって短期で終わる。

早川　私が一年と言ったのは、一年で終わるから今もう売りましょうね、来年上がったら売りましょうね、ではなくて、その違うところにお金は流れて行きますよねということです。そんな中、ロシアという話をしました。

本人が。

森山　ロシア、二〇一六年一番上がっているのですよ。

浅井　ただね、じゃあロシアの何に投資したらいいですか？　私たち普通の日

早川　私は債券と株です。ボンドと株価インデックスが二〇一六年は二〇数％上がっています。ドルベースで五割上がっています。ただ、過去三年間でルーブルは一ドル＝三〇から八〇ルーブルまで下落して、現在六〇ルーブルあたりですけれども、三年前の半値になっているのですよ。ここからですよ。今年の数十％は本当微々たるもので、ここからだと思います。だからアメリカの相場が、景気サイクルが二〇〇八年からもう八年になります。それでまださらにあと何年行くのかっていうところを考えると…。

浅井　まず、ロシアの通貨、ルーブルですね。

早川　そしてロシアのボンドとエクイティのインデックス。これだけで分散になります。もちろん、一番のお勧めはアメリカですよ。アメリカをロング、長期投資でバイ・アンド・ホールド（長期保有）。

トランプ相場で儲けるためには

アメリカとロシアを買え！

浅井　じゃあ、トランプ相場で儲けるためにはアメリカとロシアを買えと。

早川　そうです。先ほどアメリカ株の中でもあえて薬品株を入れたのは、いわゆるディフェンシブ（景気動向に左右されにくい、安定的な業種）ですから、景気の悪い時のためにこういったところに分散投資しておく。

浅井　それ以外に何かないですか？　関さん、どうですか？

関　単純に逆張りでいったら、資金が流出した新興国を底値で買う。マレーシアとか…。

浅井　新興国ね。トランプ政権も新興国も、不透明でわからなくて、でも可能性があるという点では同じかもしれませんね。

〈対談終わり〉

第三章　トランプバブルをテクニカルに斬る

川上明

カギ足を使ったチャート分析で「トランプバブル」を斬る

二〇一六年の米大統領選挙はトランプのサプライズ的勝利に終わり、市場は急激なドル高・円安と金利上昇、そして株価の上昇が起きた。いわゆる「トランプバブル」と名付けられたこの一連の相場について、多くの政治・経済・金融の専門家たちは「トランプ勝利」によってもたらされたという見解を示している。

もちろん、ファンダメンタルな観点ではそのような見方が主流となるのだが、ここでは視点を変え、私が長年取り組んできたチャート分析の手法を織り交ぜて別の角度からこの「トランプバブル」の実相を捉え、そして今後の相場がどのような動きを見せて行くのかについて、私なりの考え方を披露したい。

世界経済は巨大な転換期を迎えている

一九七一年のニクソンショック以降、ドル／円相場は約四〇年にわたって円高基調で推移してきた。この歴史的ともいうべきトレンドの潮目が変わったのは、二〇一一年一〇月だ。詳細な説明は割愛するが、チャート分析の観点で捉えればこれは一目瞭然だ。ドル／円は、二〇一一年一〇月三一日についた七五・五五円を歴史的大底として、数十年単位という超長期の円安基調に入った可能性が極めて高い。読者の皆様も周知の通り、そこからの為替の動きは急激なものだった。特に第二次安倍政権の誕生とアベノミクスの始動が円安を強力に後押しする形となり、二〇一五年六月五日には一二五・八四円という、二〇〇七年六月以来の安値を付けた。

しかし急速な相場というものは、往々にしてその反動も大きく出がちである。まさにそれが二〇一六年の円高反転であり、ドル／円は一瞬一〇〇円を割った円高水準となった。短期的なトレンドの転換を受けて、市井の評論家筋からは円高再燃論が続々と浮上した。世界経済のゆくえを占う米国の状況を見ても、利上げに慎重なＦＲＢ、経済政策面では既存路線に近いヒラリーの優勢が伝えられたこともあり、当面の円安・ドル高は期待薄という空気も漂っていた。

しかし、大統領選でトランプが勝利するとさらにトレンドは急転換する。開票直後こそ一〇一・一八円の円高を付けたがその後反転し、一日一円ずつほどの急激な円安が進行したのだ。本稿執筆時点（二〇一六年一二月二一日）の為替は一一七円台だから、一〇月下旬から一一月上旬に付けていた一〇三円台からは一三％超も円安に振れたことになる。こうして結果だけを追いかけてみると、極めて異例尽くし、サプライズ尽くしといった感があるが、チャート分析の観点で言わせてもらえば、こうした動きも実はそれほど驚くことではない。特に、大統領選後の円安、株高については大統領選のかなり前の時点でチャート上にはシグナルが現れていたのだ。

予見されていた円安・株高

チャート分析というテクニカルの手法は実に数多くあり、様々な研究が進められている。中でも私が長年取り組み、信頼している手法は「カギ足」という分析手法だ。その「カギ足」を使って、トランプ大統領誕生前の相場を見ると、実に面白いことがわかる。まず株式市場だが、実はＮＹダウは二〇一六年三月一日にすでに「買い」へ大転換していて、これから上昇相場になることが示唆されていたのだ。債券に目を移すと、ＵＳトレジャリーボンド（米国債）三〇年債先物は二〇一六年八月五日に「売り」転換しており、金利上昇が起きることを示している。為替はどうかというと、ドル／円は一〇月六日に「買い」転換、つまり円安への転換が示されている。さらに日経平均に言及すると、一〇月一一日に「買い」転換しているのだ（後述するが、「カギ足」での転換点と相場の大底は異なるものである）。

このように「カギ足」分析の観点ではすでに株式、債券、為替いずれも大統領選までにトレンドが転換していたのだが、ちょうどそこにトランプ当選というサプライズが起きたため、トランプが相場を形成したように見えただけということなのだ。日本では、大統領選挙の結果が一一月九日の場中（株式取引時間中）に出たため、開票結果の大勢がわかるにつれて株式、為替は乱高下した。

為替については、当初トランプ優勢が伝えられると一〇一・一八円まで円高が進んだが、同日中に一〇五円まで円安が進行した。こうした極端な動きは、たとえばFXで高レバレッジの取引をしていた人などには深刻なものだったろう。しかし、「カギ足」がすでに円安、金利上昇、NYダウ上昇、日本株上昇を示唆していたことを考えると、選挙戦の結果がトランプであろうがヒラリーであろうが、いずれ円安、株高に向かうことは自然な流れだったのだ。

もちろん、トランプの影響がまったくなかったということではない。株式や為替（ドル）の上昇速度はかなりのものだったが、これはトランプのサプライズ当選によって、集団心理に強力な相場上昇のバイアスがかかった結果であろう。「勝ち目の薄いトランプがサプライズで勝つと相場は下がる」と想定していた人たちは売りポジションを抱えて投票結果を待っていたが、ふたを開けてみるとサプライズ勝利で逆に相場が上昇したことから、慌てて売りポジションの解消買いが殺到、結果として相場が行き過ぎ上昇幅が大きくなったという構造だ。おそらく、下馬評通りヒラリーが当選していた場合はこれほど急激な反応にはならなかっただろう。

大衆心理による相場の方向をひも解く「カギ足」

さて、この「カギ足」がなぜこういった市場の動きを予見できるのか、読者の皆様は興味が湧いたのではないだろうか。

ここでごく簡単に「カギ足」という手法について説明しておこう。「カギ足」とは、値幅の動きをフックのようなカギの形で表すチャートだ。このチャートには時間の概念がなく、一定以上の大きさの値幅のみを記して行くのだ。この

「カギ足」チャートの作成、そしてその読み解き方は、作り手である分析者によって実に様々だ。どの程度の値幅の振れをもってチャートに書き加えて行くのか、また出来上がったチャートに現れる特徴的な形をどう解釈するのかによって、導き出される結果はまったくと言っていいほど変わるからだ。

「カギ足」による相場分析の歴史は長く、江戸時代からあるとも言われている。しかしながら、知名度は決して高くない。おそらく読者の中でも詳しく知っているという人はほとんどいないだろう。ではこの「カギ足」によって何がわかるのか。それはズバリ、人の心理による相場の動きだ。そこからこれからの相場の方向性を判断するのだ。

相場の参加者は、様々な思惑で取引を行なっているが、大まかに言えば四つの心理状態が想定できる。わかりやすい心理状態は、ある銘柄が「絶対にあがる」と考えて買う「強い意思の買い」、あるいはその逆である「強い意志の売り」という状態だ。自分が儲かると考えて主体的に取引をする状態である。一方、自分の意志ではないが、しぶしぶ売買する「弱い意志の買い」「弱い意志の

カギ足チャートの画き方

終値を使い、タテ軸に株価を取る。
横軸は時間軸ではなく、トレンド転換したときにはじめてヨコに移動する。

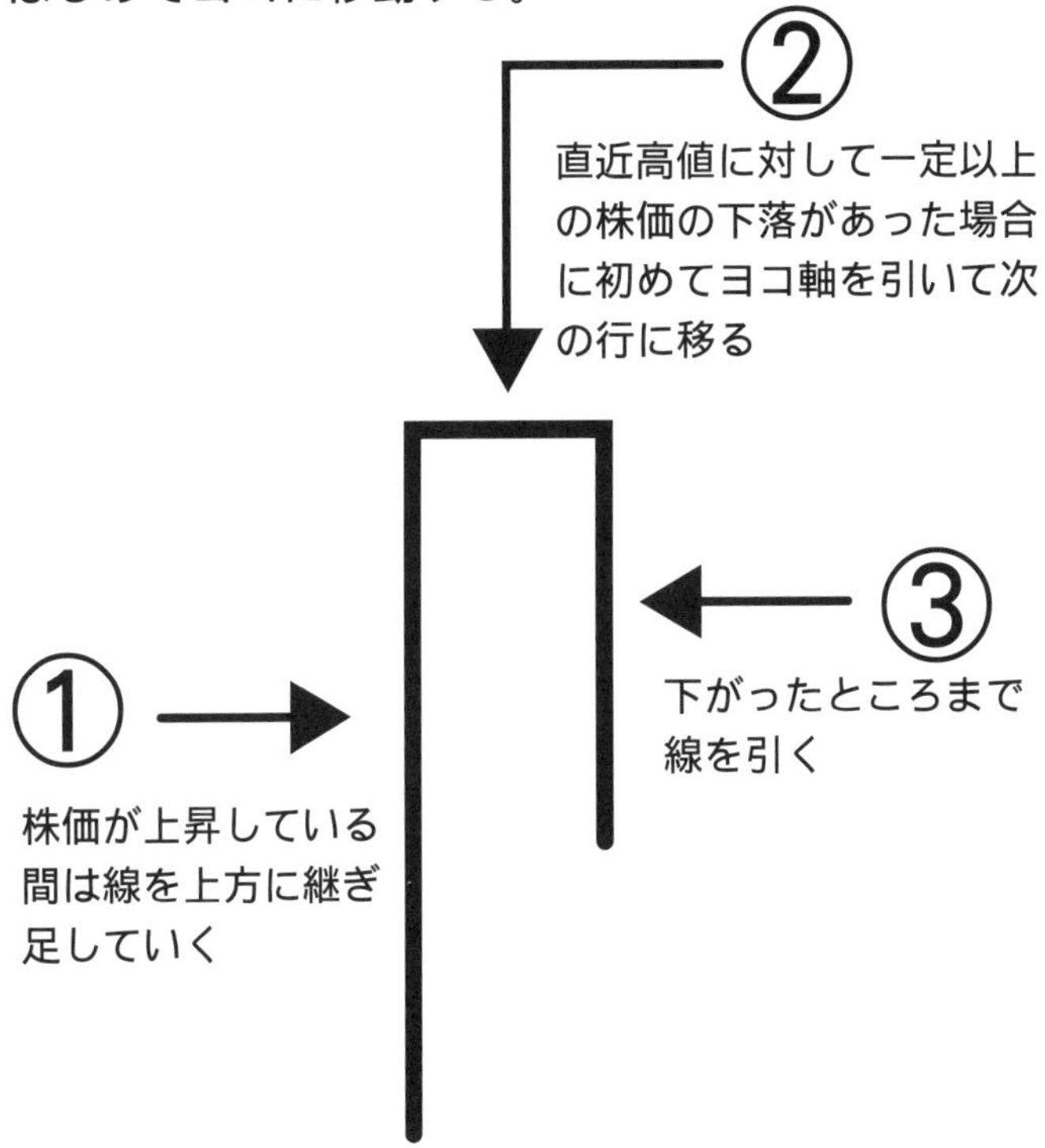
②
直近高値に対して一定以上の株価の下落があった場合に初めてヨコ軸を引いて次の行に移る
③
下がったところまで線を引く
①
株価が上昇している間は線を上方に継ぎ足していく

下落のときも同様に行ない、一定幅以上の株価上昇があったら初めてヨコ軸を引いて次の行に移る。

この繰り返しでカギ足チャートが完成する。

売り」という状態も存在する。市場の中で「弱い意思」が増えるのは、一方的に相場が進む場合だ。たとえば相場がどんどん上昇すると、「売り」を立てていた人を中心に恐怖心を持つ人が増える。逆に相場が下落すると「買い」を立てていた人を中心に恐怖心を持つ人が増える。財産を吹き飛ばす恐怖から、意に反した反対売買を行なうようにもなる。収益を出している場合は、いったん利益確定しようという人も出て来る。このような相場では、人間の心理はおおよそ一様であろう。つまり明確な意思ではなく、「弱い心理状態」だ。

これはたとえ江戸時代の人であろうと現代人であろうと、あるいはアメリカ人であろうと日本人だろうと、同様の局面で陥る心理状態ほとんど変わらないと考えられる。集団心理が「弱い意思」に傾き、相場がその意思を反映した動きをする時、それがどのようなパターンで現れるのか。そこを過去の相場や世界中の市場で分析することで、現代でも通用する作戦を立てようとする、そのまさに極めて有効な手法が「カギ足」なのだ。

ちなみに、「強い意志」の多い局面の研究はあまり有用なものとは言えない。

たとえば、一九八〇年代には円高を要因として「株を買おう」という傾向が強かったが、これは集団心理が「円高↓株高」に傾いていたためだ。しかし今はどうだろうか。円高という同じ情報にも関わらず、現在では「売り」というバイアスが強くかかっている。強い意志で相場が動く場合、このように時代の局面に応じたまったく異なる投資判断が関わっている場合も多いのだ。したがって、そういった「強い意思」が多い局面のパターンを研究しても、集団心理を捉える参考にはなりづらいのだ。

「弱い意思」の多い局面に現れるパターン性を研究して行くと、ある特定の状況で相場が一気に流れるシグナルが現れることがわかる。そのシグナルを「買い」や「売り」の転換サインとして、相場の転換を見極めて行く。ただし、相場転換のサインは一般的にはもみ合い相場のあとに出ることが多いため、最安値や最高値を狙うことは原理的にできない。相場格言に「頭としっぽはくれてやれ」というのがあるが、「カギ足」はそれを地で行くような方法なのだ。

NYダウはどこまで上がるか

ここで一つ、具体的な例で見て行こう。少し専門的だが、その法則性を理解すれば相場に対する考え方も大きく変わることだろう。「カギ足」では買いか売りかしかわからないので、NYダウのチャートをリズムに添って分析すると、一九〇ページ〜一九一ページのような図になる。

まず注目すべきは、二〇〇九年三月九日から続いた長い一サイクルが二〇一六年二月一一日に終わっているということだ。現在の上昇相場は、それとは別の新たなサイクルにおける第一波動にあたる。二〇一六年二月までのサイクルでは、上昇波動が四回、下落波動が二回だった。現在のサイクルで前サイクルのように大きく上昇するかどうかは定かではないが、すでにNYダウは市場最高値を超えているため、切りの良い目途となる数字がなく、理屈上は青天井を目指すことができる。こういった状況でも人間の心理は一つの目途を求めると想定できるため、恐らくは切りの良い数字である二万ドルが一回目の上昇の目途となる可能性があるだろう。したがって、二万ドルが今回のサイクルの上昇①の終了地点となる。

次に、前回のサイクルの上昇波動①〜④を見て行く。これらの波動の平均上昇幅は大体四〇〇〇ドル程度だ。今回の上昇①のスタートが一万五六五〇ドルであるから、そこから四〇〇〇ドル上昇するとすれば大体二万ドルとなり、やはり二万ドル前後で目標を達成し、調整が起きると推察できる。この二点を総合すると、現在のサイクルでのNYダウの第一上昇波動は、最低でも二万ドルとなるだろう。では、二万ドルで打ち止めかというと、その可能性は低いと思われる。上昇が一回だけで終わることも一〇サイクルのうち一〜二回はあるのだが、確率的には第二波動目、第三波動目までおよぶ方がはるかに高い。

ちなみに、上昇①が二万ドルで終わったとして、そこからどのくらい調整する可能性があるだろうか。前回サイクルまでの調整では大体一六〇〇ドルほど下がっており、これが一つの目安となるだろう。

チャート

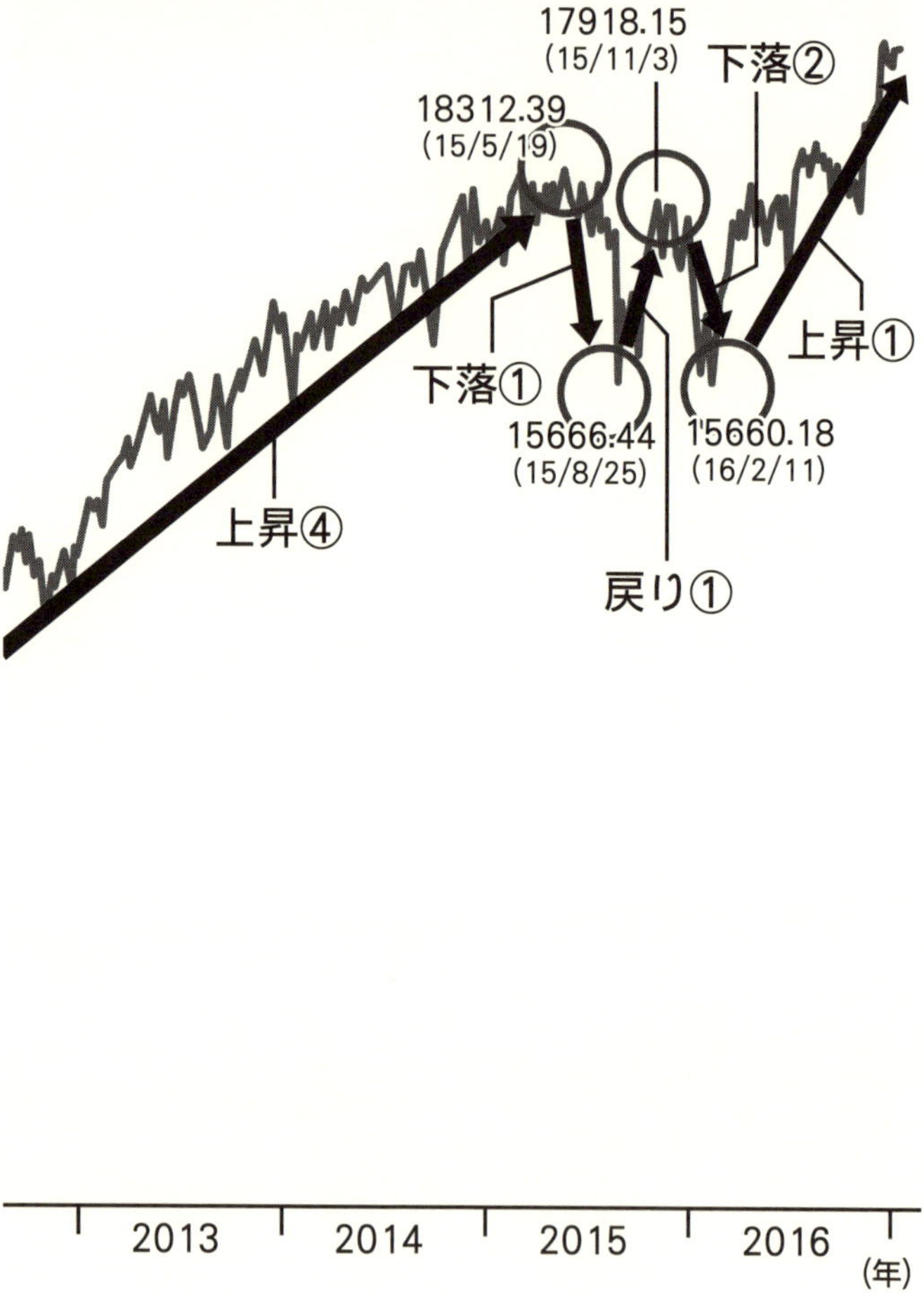
17918.15
(15/11/3)
下落②
18312.39
(15/5/19)
上昇①
下落①
15666.44
(15/8/25)
15660.18
(16/2/11)
上昇④
戻り①
2013
2014
2015
2016
(年)

ダウ平均

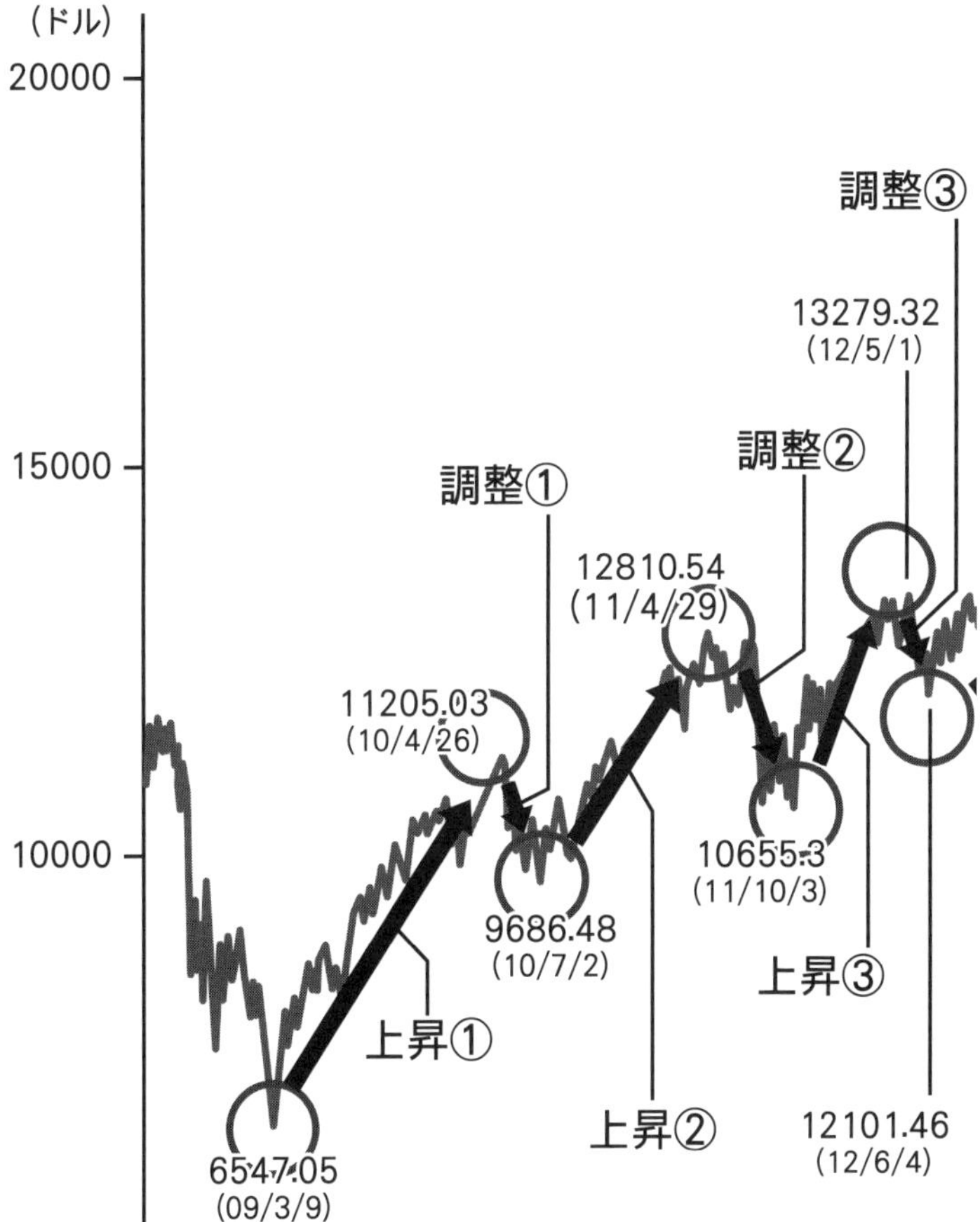
(ドル)
20000
15000
10000
5000
2009
2010
2011
2012
6547.05
(09/3/9)
上昇①
11205.03
(10/4/26)
調整①
9686.48
(10/7/2)
上昇②
12810.54
(11/4/29)
調整②
10655.3
(11/10/3)
上昇③
13279.32
(12/5/1)
調整③
12101.46
(12/6/4)

さて、本稿執筆時点（一二月二〇日）ではNYダウが一万九七五六ドル、高値が一万九九八〇ドルで、ほぼ二万ドルを達成している。もちろん、上値目途はないためここで止まる明確な根拠はないが、二万ドルが一つの大台であることを考えれば、とりあえずいったん上昇はストップする公算が高い。だが、ここからさらに調整を繰り返して仮に第三波動までたどり着くとすれば、二万四八〇〇ドル程度までの上昇余地はあるとみられる。現在の日経平均は、NYダウにつられて上昇しやすい状態であるから、仮にNYダウが二万四〇〇〇ドル近辺まで上昇すれば、日経平均は二万四〇〇〇円になることも十分あり得るだろう。すでに日本株の中で低位小型株の底上げは起きているが、更なる上昇を見せることも十分に考えられる。

ある意味非常に楽観的な見通しであるが、ここで注意していただきたい点もある。長期でのチャート分析から導き出されるもう一つの大きなトレンド、それはNYダウが長期上昇相場の最終局面にあるということだ。そしてこの最終局面の終焉は、数年以内である可能性が非常に高い。また、その終わり方も一九八九年の日経平均バブルで起きた時のように、最後の最後で急騰したあとに一気に暴落局面に転換する動き方もあり得るだろう。日経平均がバブル絶頂を迎えた一九八九年の秋は、連日高値を更新していた。もしＮＹダウにもそのような急騰が起きたら、もう大転換は間近と見るべきだ。私は、この大転換はトランプ在任中、すなわち四年以内に起こると見ている。今は株価も上向いて表面上は好調の米国経済だが、トランプのメッキが早晩はがれ、深刻な金融不安が訪れるというリスクシナリオには、細心の注意を払うべきだ。

ファンダメンタル的考察

チャート分析の世界では、チャート以外の情報は除外するのが基本だ。政治、経済、外交や産業など人間の活動に関わる情報を加味しないことで、逆に見えて来るもの（前述の集団心理のように）を見極めることが眼目だからだ。したがって、私は日頃相場と向き合うにあたって新聞はおろか、ニュースも見ない。

ただ今回、このような形で紙幅を割いていただいたこともあるので、あえてファンダメンタルな観点からトランプ相場のゆくえを占ってみたい。

まず、トランプの掲げる経済政策を見て行くと、貿易分野ではTPP（環太平洋戦略的経済連携協定）不参加を表明、また中国やメキシコに三〇％超の関税を掛けることも公言している。日本への圧力も今後高まる可能性があるが、しかしこうした圧力外交を行ない続けるのは果たして可能か疑問だ。たとえば日本企業の米国進出度は、州によっては経済全体の五％程度を占めるところもあるが、こうした圧力によって日系企業の活動が停滞し、あるいは撤退を余儀なくされる可能性も出て来る。そうなると、トランプ大統領から離反する州知事も出て来るはずだ。また、TPPに参加せず、欧州との貿易協定であるTTIP（大西洋横断貿易投資パートナーシップ協定）にも不参加を決めてしまうと、アメリカは自由貿易の一大疎外地となる。となると、米国からの投資引き揚げという事態も起こり得るだろう。

また、移民問題では、不法移民を強制送還するとも公言している。現状、不法移民の子でもアメリカで生まれれば市民権が与えられるが、これも廃止するという。しかしながら、その実現可能性は甚だ不透明だ。一例をあげれば、アメリカ軍兵士の二八%は不法移民と言われており、本当の意味で不法移民を排除すると軍隊が成り立たなくなる。それ以外にも、長年の移民政策で社会のいたるところに合法、不法の移民が存在するため、経済活動にも大きな支障が出るだろうことは想像に難くない。

外交・国防問題では、日本をはじめ諸外国に対して米軍駐留にかかる費用の更なる負担を要求している。しかし、実情を見るとこれ以上の負担は合理性が薄い。日本の場合、米軍の駐留にかかる設備費や補給などのほとんどの経費は日本が拠出している。もし、これ以上の拠出をするとなれば、それは実質的に米軍兵士の給与を日本が出すことになってしまうのだ。これでは、日本が米軍を傭兵として雇い入れる形となり、明らかに具合が悪い。こうした無理筋を通すことは、いかにトランプといえども至難だろう。

他にもまだあるが、総じてトランプの公約は実施困難なものが多く、どう考えてもトランプの公約は破綻を免れない。就任からしばらくは国民の期待も厚いと思われるが、これが失望にとって代わる日は存外に早いと思われる。そうすれば、株価上昇のトレンドは一気に転換することとなる。つまり、私がチャート分析によって導き出した結論と、同様の結果になるということだ。

もちろん、このようなファンダメンタル分析は私にとっては後付けの理屈でしかない。「カギ足」でのチャート分析を行ない、チャートが示した今後の相場のシナリオを元にして、現在の状況を解説しているに過ぎない。しかし、こうしたファンダメンタル的な現況分析が、チャート分析による相場の方向性に見事に符合するということは非常に興味深い。見方を変えれば、チャートを冷徹に分析すると、ファンダメンタル分析に基づいた経済動向予測を織り込んだ投資家たちの投資行動が「あぶり絵」のように映し出されて来る、ということだ。

こうした見立てを信じるか信じないか、それはこれをお読みになる読者次第だ。しかしながら、このようなチャート分析手法が今も引き継がれ、研究されていることには理由がある。それは、一見無機質な分析の向こう側に、はからずも人間心理という、相場変動のもっとも根源的な要因が見えるからなのだ。

NYダウは長期下落、日経平均は長期上昇

さて、これからの相場のゆくえを今少し詳しく見て行こう。チャート分析の観点で見ると、トランプの大統領任期の四年間、NYダウが上昇し続けることはまず起こり得ない。任期中のどこかでクラッシュが起こる可能性がかなり高い形になっているためだ。さらに言えば、そのクラッシュは超長期にわたったNYダウの巨大上昇トレンドが大転換することを意味する。すなわち、NYダウは超長期の下落トレンドに突入する。ただ、トランプ相場と呼ばれる足下の上昇相場は、私の読みでは二〇一八年ぐらいまで持つと見ている。

NYダウの上昇は、前述の通り二万ドルでいったん止まる可能性が高い。ただ、上値目途がない状態であるからずるずると二万ドルを超えて上昇を続けるかもしれない。もし短期で大きく上昇した場合、その相場は短命で終わること

になろう。仮に、調整が起きずにこのまま二万一〇〇〇ドルまで到達すると危険だ。「たられば」になるが、もしヒラリーが当選していた場合、今回の上昇は緩やかな山を付けた可能性が高い。しかし、トランプの場合には二万ドルで止まるかどうかが極めて読みづらい。トランプの言動は過激で、それが往々にして集団心理に強く働きかけ相場に勢いを与えるためだが、逆に言えばそうした力がある分、天井を打つ時期も早まる可能性が高いと言える。

現在のところ、日経平均はNYダウと連動しているように映るが、長期ではまったく異なる動きとなろう。実は、長期のチャート分析を行なう立場からすると、日経平均はNYダウとの連動性が低いと言われているのだ。これからの相場を非常に長期のサイクルで捉えると、今後NYダウは下落するのに対し、日経平均は上昇することが見えている。二〇〇九年以降、日経平均は、七〇〇〇円台から三段上げの三段下げですでに一サイクルが循環している。そして、二〇一六年六月二四日からの上昇相場が、上昇波動①を形成している。日経平均は六〇年の超長期視点では上昇相場に入っているため、一〇年二〇年の長期で見た場合、バブルの最高値を上回る四万円超えを記録することだろう。バブル時代には「日経平均一〇万円」と言った人もいたが、今度の超長期六〇年サイクルでは日経平均一〇万円超えも十分ターゲットとなる。

為替は長期円安

為替は一二〇円〜一二五円をターゲットとするゾーンに入ってきている。しかし、ここからすぐに円安に行くことはないだろう。為替においては目途となる価格が心理的目安なることが多いため、ここでもいくつかの目安となる価格を参考にしたい。

まず現在の円安は、一二〇円台前半が目先の目標になる。つまり、今現在でもすでにほぼ目標圏ということだ。こうなると、二〇一五年の一一月頃に付けた一二三・七六円が上値抵抗線として意識されるようになる。しかし実は、このような上値抵抗線の目途というものは一二〇〜一五〇円の間には非常に多く

超長期チャート

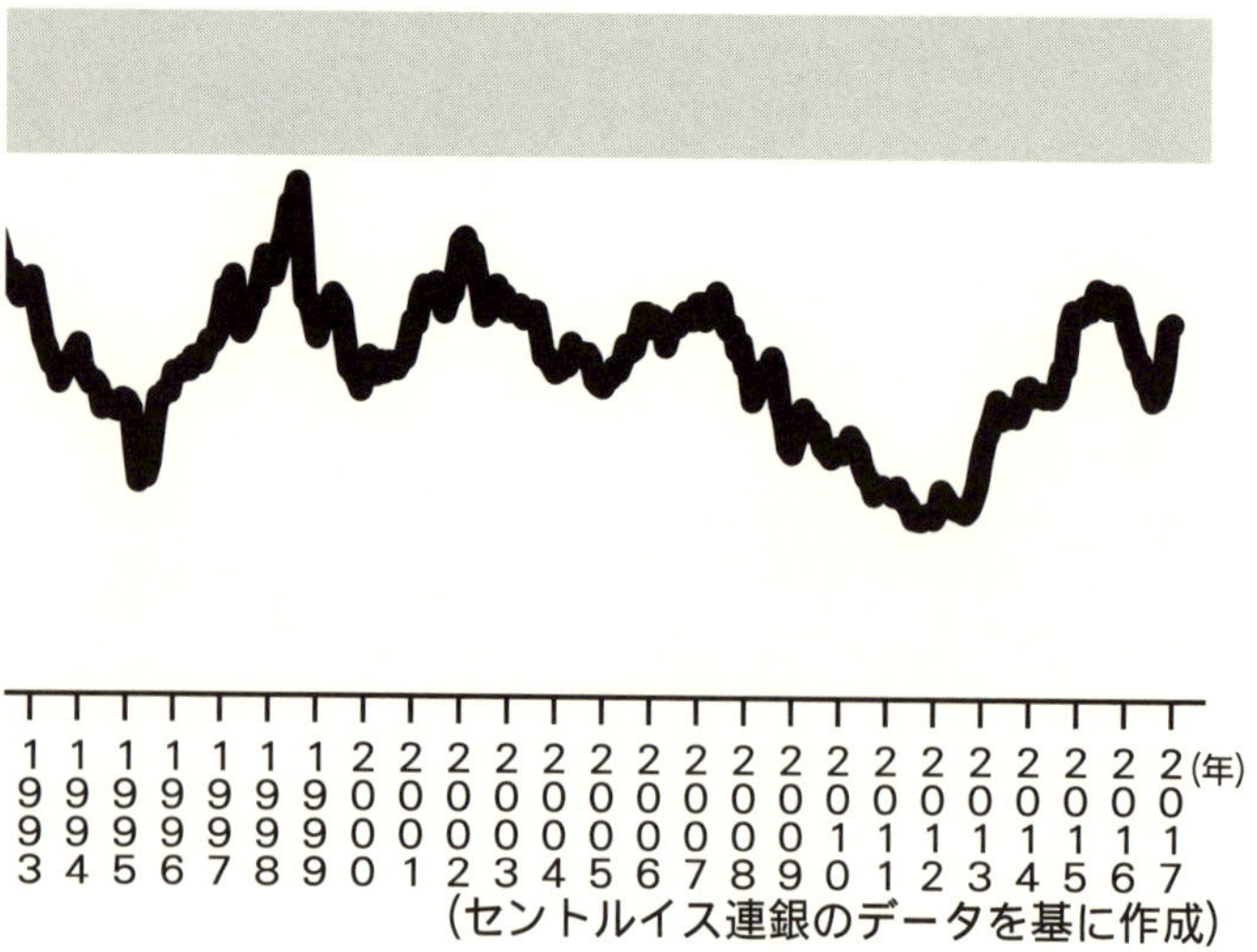

(セントルイス連銀のデータを基に作成)

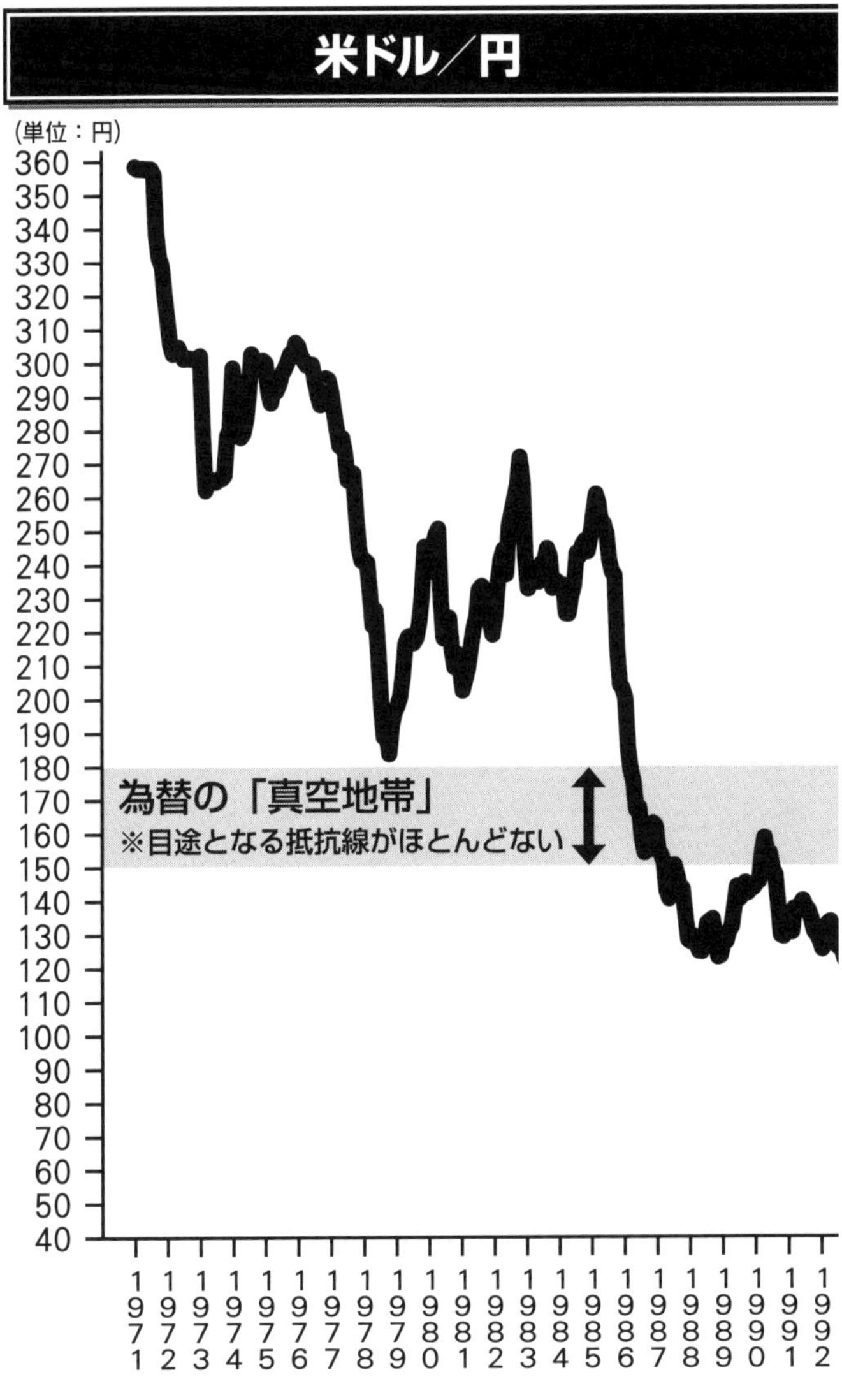
米ドル／円
(単位：円)
360
350
340
330
320
310
300
290
280
270
260
250
240
230
220
210
200
190
180
170
160
150
140
130
120
110
100
90
80
70
60
50
40
為替の「真空地帯」
※目途となる抵抗線がほとんどない
1971
1972
1973
1974
1975
1976
1977
1978
1979
1980
1981
1982
1983
1984
1985
1986
1987
1988
1989
1990
1991
1992

ある。上値抵抗線に到達する都度、それを目途としてドル売りが出て来るのだ。したがって、一二〇～一五〇円のレンジを抜けるのはそう容易なことではない。ただもちろん、大きな流れは円安であるため、いずれ一五〇円を超えるのは時間の問題であろう。何らか市場に大きなインパクトを与える出来事が起きれば、一気に円安が進む可能性もある。

逆に、一二〇円～一五〇円のレンジを上に抜けたら恐ろしい状況が待っている。二〇〇～二〇一ページの図のアミかけした矢印の箇所に「真空地帯」という、過去の円高進行においてほとんど商いの目途となる場所がなかった空間がある。今回、円安が進行する過程でこの「真空地帯」に差し掛かると、同様に抵抗する目途がつかなくなる可能性が高い。するとどうなるか。一五〇円を超えた瞬間から一気に一八〇円～二〇〇円のレンジを目指す状態になってしまう。時期ははっきりとしないが、向こう四、五年の間に起こる可能性は十分あるだろう。

現在までの円安水準は、ある意味株価にとっては居心地がよかった。しかし、一二〇円の目途が間近になるにつれて、金利上昇の可能性（莫大な政府債務に火がつく）も懸念される。私の見立てでは一五〇円が大きな山場で、ここを突破したが最後、ずるずる円安が進むこととなろう。

もちろん、こうした目途はあくまで相場を分析するための補助的な役割で、参考として留めた方がいい。「カギ足」が判断するのは、人間の集団心理が「買い」「売り」のどちらを優勢と見ているかということだ。仮に、人間の心理が反映されない急激な出来事、たとえば地震や自然災害が起きると一気に相場の方向が反転する可能性がある。カギ足ではこうした動きを判断することはないため、ここで挙げた目途すら無視した価格形成が起きる危険性にも留意すべきだ。

日経平均は時期を見極めれば二度美味しい

実はもう一つ、面白いところに着目したい。日本の市場を「カギ足」で分析すると、日本国債は「売り」転換のサインが出ている一方、日経平均とドル／

円は「買い」シグナルが出ている。前述の通り、NYダウは間もなく超長期上昇期が終了で売り、また米国債券はすでに下落（金利は上昇）し始めている（売りシグナル）わけだが、長期サイクルは上向いている。むろん、NYダウが崩れれば短期的には日経平均も連動して大きく下落する可能性が高い。また日本国債の暴落によっても日経平均が大きく下がることが予想される。ただ、そこで日本株が壊滅的になるのではなく、大下落を乗り越えて大相場を作り出すということを「カギ足」を中心としたチャート分析の結果は示しているのだ。

仮に、すぐにNYダウの暴落が起きたと仮定した場合、日本株の下落幅は下値目安が一万四〇〇〇円程度となるが、NYダウが更なる上昇を続け、大相場が形成された場合、今度は大暴落時に一万円割れという極端な事態もあり得るだろう。つまり、暴落時期が早ければより早く回復し、逆に調整を挟みながら上昇相場が長く形成されると、より多くの市場参加者がパニック的投げ売りを行なうことで行き過ぎた下落相場が形成されるのだ。しかし、その時は大いなるチャンスだ。なぜならチャート分析上、日本株は長期上昇だからだ。絶好の買い場の到来である。特に低位小型株は狙い目だ。こういう時は市場全体に全体的な底上げがあるため時価総額の小さい小型株はより大きな値上がりが期待でき、業界などを考える必要はない。

こうして俯瞰すると、実は日経平均は二度美味しい状況を迎えるのだ。第一弾は現在のトランプバブル相場、そして二度目は一万四〇〇〇円または一万円割れの底打ち後の相場だ。日本株は六〇年サイクルでの歴史的上昇相場に突入し、超長期では少なくとも四万円、あるいは一〇万円超えすら目指す大相場を形成する。これを上手に活用しない手はないだろう。ただし、一点ご注意いただきたいのは。その時の為替は超長期目標で三六〇円超えということも含み置くべき点だ。

エピローグ

浅井 隆

トランプバブルに呑み込まれないために

マーケットにおいても、アメリカ国内の人種差別においても、そして日本の銀行の経営状況においても〝トランプ爆弾〟が炸裂し始めた。彼は「メイク・アメリカ・グレート・アゲイン」を連呼して当選した。この本が出る二月初めにはすでに就任式は終わっているが、蜜月の三ヵ月が経って人々が冷静となる五月以降がトランプ本人にとってもマーケットにとっても私たちにとっても正念場となることだろう。

いずれにしても、今後は個人ごと、企業ごと、国ごとに明暗がはっきりして来ることだけは間違いない。トランプは私たちが考える以上にやり手で、したたかで、しかも悪《ワル》だ。はっきり言ってずる賢いとさえ言えるだろう。安倍政権がしっかりしていないと、日本は金だけむしり取られて明暗の暗の方に最終的には転落してしまう可能性がある。少なくとも、今回そして今後も続くアメリ

トランプバブルの膨張と崩壊

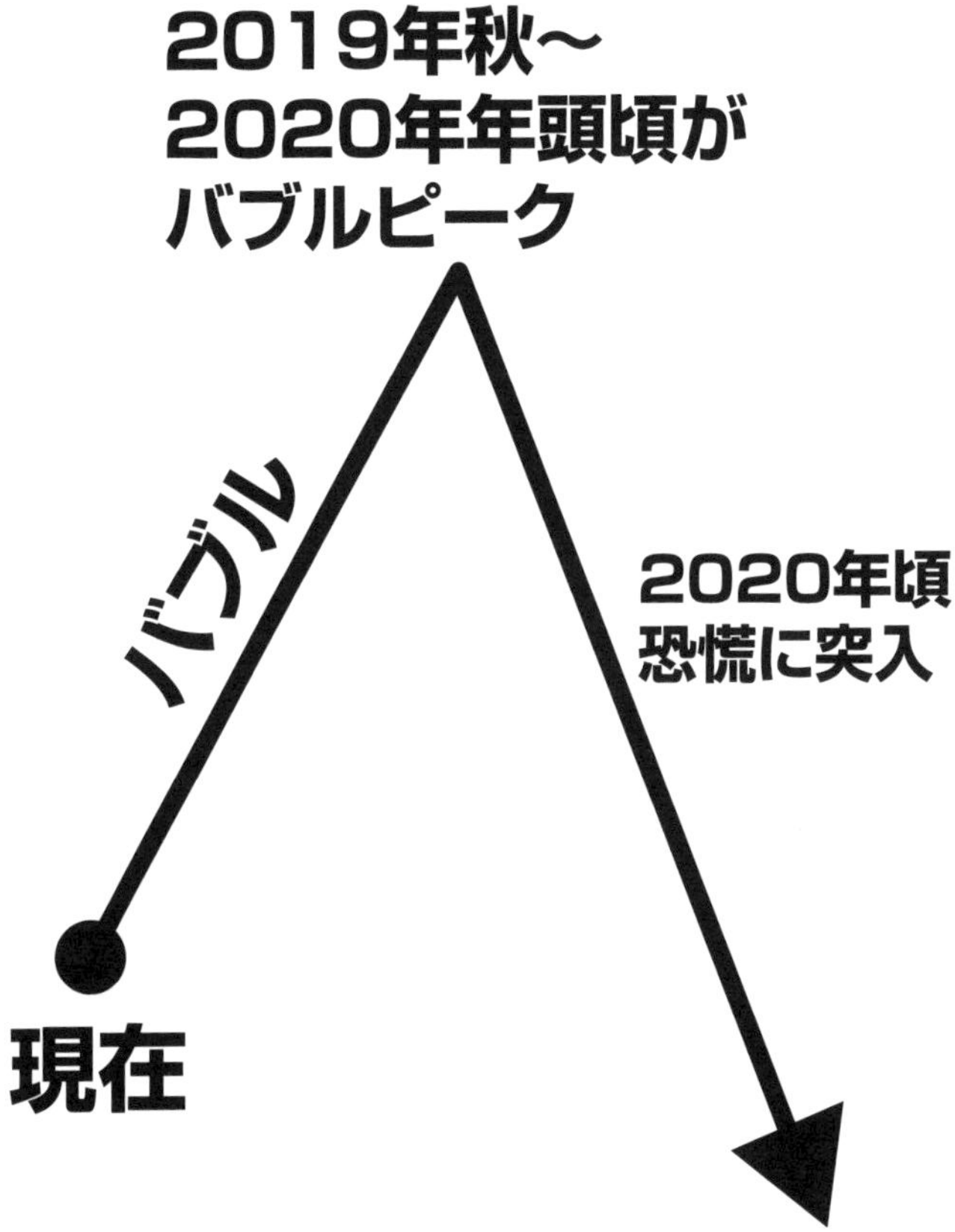

カの金利上昇によって、日本の財政破綻の時期が三年以上早まったことだけは間違いない。

しかもトランプは日本の防衛のためにと言って在日米軍の経費の肩代わりを強く要求して来ることだろう。短期的にはトランプ現象は日本経済にプラスのような印象を与えるかもしれない。つまり円安と株高だ。しかし、彼の「アメリカ第一主義」と「金利上昇による日本財政の悪化」という問題を考えた時に、長期的にはとんでもない悪影響を被るかもしれない。行きはヨイヨイ、帰りは恐いだ。さらにトランプバブルの宴が終わったあとには恐慌がやって来るかもしれない。これに中国のバブル崩壊が重なれば、世界経済はパニックに陥るだろう。であれば、二〇一九年前半までに株と不動産は売っておいた方がいいかもしれない。

もう一つ注意すべき点がある。トランプはアメリカを影で支配しているロックフェラーの代理人だということだ。とすれば、プーチンと組んで原油の価格を高値安定させようとするだろう。サウジも大喜びだ。ワリを食うのは日本と中国と言って良いだろう。円安と原油高が進めば、ガソリン一リットル＝一八〇円ということもありえるかもしれない。町から車が消える日だ。いずれにしてもトランプの登場は私たちの生活を激変させる可能性を秘めている。真剣にトランプ相場の行方を注視していないと、大変な目に遭うかもしれない。

最後に一つだけ警告しておこう。歴史は繰り返すというが、トランプが〝第二のヒトラー〟でないと誰が断言できるだろうか。二人には類似点が多過ぎる。ヒトラーもドイツの経済を復活させたが、その後ヨーロッパを地獄に追いやった。その点だけは忘れない方が良い。いずれにしても、時代は大きく変わろうとしている。心して時代の〝チェンジ〟と向き合おう‼

二〇一七年一月吉日

浅井　隆

浅井隆からの重要なお知らせ

——国家破産を生き残るための具体的ノウハウ

厳しい時代を賢く生き残るために必要な情報収集手段

国家破産へのタイムリミットが刻一刻と迫りつつある中、ご自身のまたご家族の老後を守るためには二つの情報収集が欠かせません。一つは「国内外の経済情勢」に関する情報収集、もう一つは「海外ファンド」に関する情報収集です。これについては新聞やテレビなどのメディアやインターネットでの情報収集だけでは絶対に不十分です。私はかつて新聞社に勤務し、以前はテレビに出演をしたこともありますが、その経験からいえることは「新聞は参考情報。テレビはあくまでショー（エンターテインメント）」だということです。インターネットも含め誰もが簡単に入手できる情報で、これからの激動の時代を生き残って行くことはできません。

皆様にとってもっとも大切なこの二つの情報収集には、第二海援隊グループ（代表　浅井隆）で提供する「会員制の特殊な情報と具体的なノウハウ」をぜひご活用下さい。

〝国家破産対策〟の入口「経済トレンドレポート」

最初にお勧めしたいのが、浅井隆が取材した特殊な情報をいち早くお届けする「経済トレンドレポート」です。浅井および浅井の人脈による特別経済レポートを年三三回（一〇日に一回）格安料金でお届けします。経済に関する情報提供を目的とした読みやすいレポートです。新聞やインターネットではなかなか入手できない経済のトレンドに関する様々な情報をあなたのお手元へ。さらに国家破産に関する『特別緊急情報』も流しております。「国家破産対策をしなければならないことは理解したが、何から手を付ければ良いかわからない」

という方は、まずこのレポートをご購読下さい。レポート会員になられますと、様々な割引・特典を受けられます。

詳しいお問い合わせ先は、㈱第二海援隊

TEL：〇三（三二九一）六一〇六

FAX：〇三（三二九一）六九〇〇

具体的に〝国家破産対策〟をお考えの方に

そして何よりもここでお勧めしたいのが、第二海援隊グループ傘下で独立系の投資助言・代理業を行なっている「株式会社日本インベストメント・リサーチ」（関東財務局長（金商）第九二六号）です。この会社で二つの魅力的な会員制クラブを運営しております。私どもは、かねてから日本の国家破産対策のもっとも有効な対策として海外のヘッジファンドに目を向けてきました。そして、この二〇年にわたり世界中を飛び回りすでにファンドなどの調査に莫大なコストをかけて、しっかり精査を重ね魅力的な投資・運用情報だけを会員の皆様限定でお伝えしています。これは、一個人が同じことをしようと思っても無理な話です。また、そこまで行なっている投資助言会社も他にはないでしょう。

投資助言会社も、当然玉石混淆であり、特に近年は少なからぬ悪質な会社に対して、当局の検査の結果、業務停止などの厳しい処分が下されています。しかし「日本インベストメント・リサーチ」は、すでに二度当局による定期検査を受けていますが、行政処分どころか大きな問題点はまったく指摘されませんでした。これも誠実な努力に加え、厳しい法令順守姿勢を貫いていることの結果であると自負しております。

私どもがそこまで行なうのには理由があります。私は日本の「国家破産」を憂い、会員の皆様にその生き残り策を伝授したいと願っているからです。その生き残り策がきちんとしたものでなければ、会員様が路頭に迷うことになります。ですから、投資案件などを調査する時に一切妥協はしません。その結果、私どもの「ロイヤル資産クラブ」には多数の会員様が入会して下さり、「自分年金クラブ」と合わせると数千名の顧客数を誇り、今では会員数がアジア最大と言われています。

このような会員制組織ですから、それなりに対価をいただきます。ただそれで、私どもが十数年間、莫大なコストと時間をかけて培ってきたノウハウを得られるのですから、その費用は決して高くないという自負を持っております。まだクラブにご入会いただいていない皆様には、ぜひご入会いただき、本当に価値のある情報を入手して国家破産時代を生き残っていただきたいと思います。そして、この不透明な現在の市場環境の中でも皆様の資産をきちんと殖やしていただきたいと考えております。

一〇〇〇万円以上を海外投資へ振り向ける資産家の方向け「ロイヤル資産クラブ」

「ロイヤル資産クラブ」のメインのサービスは、数々の世界トップレベルのファンドの情報提供です。特に海外では、日本の常識では考えられないほど魅力的な投資案件があります。

ジョージ・ソロスやカイル・バスといった著名な投資家が行なう運用戦略としておなじみの「グローバル・マクロ」戦略のファンドも情報提供しています。

この戦略のファンドの中には、株式よりも安定した動きをしながら、目標年率リターンが一〇％〜一五％程度のものもあります。また、二〇〇九年八月〜二〇一六年一一月の七年超で一度もマイナスになったことがなく、ほぼ一直線で年率リターン七・三％（米ドル建て）と安定的に推移している特殊なファンドや目標年率リターン二五％というハイリターン狙いのファンドもあります。

もちろん他にもファンドの情報提供を行なっておりますが、情報提供を行なうファンドはすべて現地に調査チームを送って徹底的に調査を行なっております。

また、ファンドの情報提供以外のサービスとしては、海外口座の情報提供と国家破産対策についての具体的な資産分散の助言を行なっております。

海外口座は、総合的に見て日本人が使い勝手がよく、カントリーリスクの心配もほとんどない、財務体質がしっかりしている銀行の情報を提供しています。銀行の所在地は、シンガポール、ニュージーランド、そしてハワイ（アメリカ）

の三ヵ所です。邦銀では外国人観光客の口座開設が不可能なように、外国の銀行も誰でもウェルカムというわけではありません。しかも、共同名義での開設が可能など邦銀とまったくシステムが違いますので、しっかりした情報が必要になってきます。

国家破産対策の具体的な方法としましては、金や外貨預金、外貨キャッシュの持ち方、はたまた今話題のＢＴＣ（ビットコイン）についてなど幅広い情報で皆様の資産保全のサポートをいたします。

他にも、現在保有中の投資信託の評価と分析、銀行や金融機関とのお付き合いの仕方のアドバイス、為替手数料やサービスが充実している金融機関についてのご相談、生命保険の見直し・分析、不動産のご相談など、多岐にわたっております。金融についてありとあらゆる相談が「ロイヤル資産クラブ」ですべて受けられる体制になっています。

詳しいお問い合わせ先は「ロイヤル資産クラブ」

ＴＥＬ：〇三（三二九一）七二九一

FAX：〇三（三二九一）七二九二

一般の方向け「自分年金クラブ」

一方で、「自分年金クラブ」では「一〇〇〇万円といったまとまった資金はないけど、将来に備えてしっかり国家破産対策をしたい」という方向けに、比較的「海外ファンド」の中では小口（最低投資金額が約三〇〇万円程度）で、かつ安定感があるものに限って情報提供しています。

このような安定感を持つファンドの中に、年率リターン九・二％（二〇一一年九月～二〇一六年一二月）とかなりの収益を上げている一方で、一般的な債券投資と同じぐらいの安定感を示しているものもあります。債券投資並みの安定感で、年率リターンが約九％もあることには驚きます。また海外口座の情報提供や国家破産対策についての具体的な資産分散の助言、そして国家破産時代の資産防衛に関する基本的なご質問にもお答えしておりますので、初心者向きです。

詳しいお問い合わせ先は「自分年金クラブ」

TEL：〇三（三二九一）六九一六

FAX：〇三（三二九一）六九九一

※「自分年金クラブ」で情報提供を行なっているすべてのファンドは、「ロイヤル資産クラブ」でも情報提供を行なっております。

投資助言を行なうクラブの最高峰「プラチナクラブ」

会員制組織のご紹介の最後に「プラチナクラブ」についても触れておきます。メインのサービスは、「ロイヤル資産クラブ」と同じで、数々の世界トップレベルのファンドの情報提供です。ただ、このクラブは第二海援隊グループが行なう投資・助言業の中で最高峰の組織で、五〇〇〇万円以上での投資をお考えの方向けのクラブです（五〇〇〇万円以上は目安で、なるべくでしたら一億円以上が望ましいです。なお、金融資産の額をヒヤリングし、投資できる金額が二〇万～三〇万米ドル（二〇〇〇万～三〇〇〇万円）までの方は、原則プラチナクラブへの入会はお断りいたします）。

ここでは、ロイヤル資産クラブでも情報提供しない特別で稀少な世界トップレベルのヘッジファンドを情報提供いたします。皆様と一緒に「大資産家」への道を追求するクラブで、具体的な目標としまして、「一〇年で資金を四倍～六倍（米ドル建て）」「二倍円安になれば八倍～一二倍」を掲げています。当初八〇名限定でスタートし、お申し込みが殺到したことでいったん枠がいっぱいになっていましたが、最近二〇名の追加募集をしております。ご検討の方はお早目のお問い合わせをお願いいたします。

詳しいお問い合わせ先は「㈱日本インベストメント・リサーチ」

TEL：〇三（三二九一）七二九一
FAX：〇三（三二九一）七二九二

海外移住をご検討の方に

さらに、財産の保全先、移住先またはロングステイの滞在先として浅井隆がもっとも注目する国――ニュージーランド。そのニュージーランドを浅井隆と共に訪問する、「浅井隆と行くニュージーランド視察ツアー」を二〇一七年一一月に開催いたします（その後も毎年一回の開催を予定しております）。ツアーでは、浅井隆の経済最新情報レクチャーがございます。

イギリスEU離脱で混沌とする欧州を体感する特別なツアー

第二海援隊では「一生に一度の旅シリーズ」として毎年、浅井が注目する国・地域へ訪問しています。二〇一六年六月には南米ツアーを行ない、現在経済危機に面しているブラジル、過去国家破産を起こした国アルゼンチンを訪問し、貴重な体験をしてきました。そして、二〇一七年は欧州のポーランドを訪問するツアーを行ないます。

ポーランドはEU加盟国でありながらユーロを導入していない数少ない国です。しかし、経済は堅調に推移しており、ユーロ導入を自ら見送っている国です。二〇一六年六月に同じくユーロ導入していないイギリスがEU離脱を決めましたが、この出来事を同じ立場のポーランドはどのように感じているのでしょうか。

今、欧州に流れている空気を肌で体験し、欧州が今後進む方向性を考えるツアーを開催します。

なお、現在このツアーでポーランドの魅力を存分に堪能できるよう、鋭意企画中です。ポーランドでもっとも美しい古都クラクフを訪問し、街角の素敵なカフェで一息。ショパンが半生を過ごした歴史あるワルシャワの街で、ショパンゆかりの地を巡ります。また、各滞在地では最高級ホテル、食事を手配いたします。まさに「一生に一度の旅シリーズ」にふさわしい豪華なツアーとなることでしょう。日程は二〇一七年六月一五日～二二日を予定しています。

ツアーに関する詳しいお問い合わせ先は「㈱日本インベストメント・リサーチ」

TEL：〇三（三二九一）七二九一

FAX：〇三（三二九一）七二九二

浅井隆講演会、国家破産対策、インターネット情報

浅井隆のナマの声が聞ける講演会

著者・浅井隆の講演会を開催いたします。二〇一七年は福岡・四月二一日（金）、名古屋・四月二八日（金）、広島・五月一二日（金）、大阪・五月二〇日（土）、東京・五月二七日（土）、札幌・六月二日（金）、大阪・一〇月二〇日（金）、名古屋・一〇月二七日（金）、東京・一〇月二六日（土）を予定しております。国家破産の全貌をお伝えすると共に、生き残るための具体的な対策を詳しく、わかりやすく解説いたします。

いずれも、活字では伝わることのない肉声による貴重な情報にご期待下さい。

第二海援隊ホームページ

また、第二海援隊では様々な情報をインターネット上でも提供しております。

詳しくは「第二海援隊ホームページ」をご覧下さい。私ども第二海援隊グループは、皆様の大切な財産を経済変動や国家破産から守り殖やすためのあらゆる情報提供とお手伝いを全力で行なっていきます。

※また、このたび浅井隆とスタッフによるコラム「天国と地獄」を始めました。経済を中心に、長期的な視野に立って浅井隆の海外をはじめ現地生取材の様子をレポートするなど、独自の視点からオリジナリティ溢れる内容をお届けします。

改訂版!!「国家破産秘伝」「ファンド秘伝」 必読です

浅井隆が世界をまたにかけて収集した、世界トップレベルの運用ノウハウ（特に「海外ファンド」に関する情報満載）を凝縮した小冊子を作りました。実務レベルで基礎の基礎から解説しておりますので、本気で国家破産から資産を守りたいとお考えの方は必読です。ご興味のある方は以下の二ついずれかの方法でお申し込み下さい。
①現金書留にて一〇〇〇円（送料税込）と、お名前・ご住所・電話番号および「別冊秘伝」希望と明記の上、弊社までお送り下さい。
②一〇〇〇円分の切手（券種は、一〇〇円・五〇〇円・一〇〇〇円に限ります）と、お名前・ご住所・電話番号および「別冊秘伝」希望と明記の上、弊社までお送り下さい。

郵送先　〒一〇一―〇〇六二　東京都千代田区神田駿河台二―五―一
住友不動産御茶ノ水ファーストビル八階
株式会社第二海援隊「別冊秘伝」係
TEL：〇三（三二九一）六一〇六
FAX：〇三（三二九一）六九〇〇

破綻国家アルゼンチンでの特別取材DVD発売

国家破産した国の庶民は、どのような苦境に陥り、そしていかにサバイバルしたのでしょうか。来たるべき日本国破産への備えを万全にするには、国家破産時の庶民の実態を知ることが極めて重要です。

浅井隆は、二〇年以上にわたって数々の破綻国家を訪れ、現地の調査と綿密な取材を行なってきました。そして二〇一六年六月、ついにアルゼンチンの国家破産時の実態を知るべく現地取材を敢行しました。二〇〇一年に国家破産したアルゼンチンは、約六〇年前に日本から多くの移民を受け入れています。今回、この移民一世の日本人の方に特別インタビューを行ない、国家破産の実態に迫りました。庶民を襲った信じられない出来事とは？　そして人々はいかにして苦境を乗り越えたのか？

今回、国家破産に関心を寄せる方のために、この貴重なインタビューの様子を収録した「アルゼンチン国家破産特別取材ＤＶＤ」を発売いたしました。書籍からだけでは知ることのできない、国家破産を生き残る上で重要なヒントが凝縮された特別インタビューです。

詳しいお問い合わせ先は　「㈱第二海援隊」

TEL：〇三（三三二九一）六一〇六
FAX：〇三（三三二九一）六九〇〇
＊以上、すべてのお問い合わせ、お申し込み先・㈱第二海援隊
TEL：〇三（三三二九一）六一〇六
FAX：〇三（三三二九一）六九〇〇
Eメール　info@dainikaientai.co.jp
ホームページ　http://www.dainikaientai.co.jp

〈参考文献〉

【新聞・通信社】
『日本経済新聞』『産経新聞』『毎日新聞』『ロイター通信』
『ブルームバーグ』『ニューズウィーク』『ニューヨーク・タイムズ』
『フィナンシャル・タイムズ』

【拙著】
『株は2万2000円まで上昇し、その後大暴落する!?』(第二海援隊)
『すさまじい時代〈下〉』(第二海援隊)

【その他】
『ロイヤル資産クラブレポート』『自分年金クラブレポート』

【ホームページ】
フリー百科事典『ウィキペディア』『バロンズ』
『ウォールストリートジャーナル　日本語電子版』『ZUU　online』
『ジャパン・ビジネスプレス』『セントルイス連銀』
『yahoo! ファイナンス』

〈監修者略歴〉

浅井　隆（あさい　たかし）

経済ジャーナリスト。1954年東京都生まれ。学生時代から経済・社会問題に強い関心を持ち、早稲田大学政治経済学部在学中に環境問題研究会などを主宰。一方で学習塾の経営を手がけ学生ビジネスとして成功を収めるが、思うところあり、一転、海外放浪の旅に出る。帰国後、同校を中退し毎日新聞社に入社。写真記者として世界を股に掛ける過酷な勤務をこなす傍ら、経済の猛勉強に励みつつ独自の取材、執筆活動を展開する。現代日本の問題点、矛盾点に鋭いメスを入れる斬新な切り口は多数の月刊誌などで高い評価を受け、特に1990年東京株式市場暴落のナゾに迫る取材では一大センセーションを巻き起こす。その後、バブル崩壊後の超円高や平成不況の長期化、金融機関の破綻など数々の経済予測を的中させてベストセラーを多発し、1994年に独立。1996年、従来にないまったく新しい形態の21世紀型情報商社「第二海援隊」を設立し、以後約20年、その経営に携わる一方、精力的に執筆・講演活動を続ける。2005年7月、日本を改革・再生するための日本初の会社である「再生日本21」を立ち上げた。主な著書：『大不況サバイバル読本』『日本発、世界大恐慌！』（徳間書店）『95年の衝撃』（総合法令出版）『勝ち組の経済学』（小学館文庫）『次にくる波』（PHP研究所）『Human Destiny』（『9・11と金融危機はなぜ起きたか!?〈上〉〈下〉』英訳）『あと2年で国債暴落、1ドル＝250円に!!』『東京は世界1バブル化する！』『株は2万2000円まで上昇し、その後大暴落する!?』『円もドルも紙キレに！　その時ノルウェークローネで資産を守れ』『あと2年』『円崩壊』『驚くべきヘッジファンドの世界』『いよいよ政府があなたの財産を奪いにやってくる!?』『2017年の衝撃〈上〉〈下〉』『ギリシャの次は日本だ！』『すさまじい時代〈上〉〈下〉』『世界恐慌前夜』『あなたの老後、もうありません！』『日銀が破綻する日』『マイナス金利でも年12%稼ぐ黄金のノウハウ』『ドルの最後の買い場だ！』『預金封鎖、財産税、そして10倍のインフレ!!〈上〉〈下〉』（第二海援隊）など多数。

トランプバブルの正しい儲け方、うまい逃げ方

2017年2月21日　初刷発行

監　修　浅井　隆

発行者　浅井　隆

発行所　株式会社　第二海援隊

〒101-0062
東京都千代田区神田駿河台2-5-1　住友不動産御茶ノ水ファーストビル8F
電話番号　03-3291-1821　　FAX番号　03-3291-1820

印刷・製本／株式会社シナノ

ISBN978-4-86335-177-6

Printed in Japan

第二海援隊発足にあたって

日本は今、重大な転換期にさしかかっています。にもかかわらず、私たちはこの極東の島国の上で独りよがりのパラダイムにどっぷり浸かって、まだ太平の世を謳歌しています。

しかし、世界はもう動き始めています。その意味で、現在の日本はあまりにも「幕末」に似ているのです。ただ、今の日本人には幕末の日本人と比べて、決定的に欠けているものがあります。それこそ、志と理念です。現在の日本は世界一の債権大国（＝金持ち国家）に登り詰めはしましたが、人間の志と資質という点では、貧弱な国家になりはててしまいました。それこそが、最大の危機といえるかもしれません。

そこで私は「二十一世紀の海援隊」の必要性を是非提唱したいのです。今日本に必要なのは、技術でも資本でもありません。志をもって大変革を遂げることのできる人物と、それを支える情報です。まさに、情報こそ〝力〟なのです。そこで私は本物の情報を発信するための「総合情報商社」および「出版社」こそ、今の日本にもっとも必要と気付き、自らそれを興そうと決心したのです。

しかし、私一人の力では微力です。是非皆様の力をお貸しいただき、二十一世紀の日本のために少しでも前進できますようご支援、ご協力をお願い申し上げる次第です。

浅井　隆